PRINCE GEORGES BIBESCO

ANCIEN OFFICIER SUPÉRIEUR

MEMBRE ASSOCIÉ DE L'INSTITUT DE FRANCE

Prisonnier

Coblence 1870-1871

 LIBRAIRIE PLON

PRISONNIER

COBLENCE 1870–1871

DU MÊME AUTEUR :

BELFORT, REIMS, SEDAN (campagne de 1870-1871), 214 pages, 3 cartes, 2 tableaux. Paris, Plon, 1872.

HISTOIRE D'UNE FRONTIÈRE. *La Roumanie sur la rive droite du Danube.* 242 pages, 1 carte. Paris, Plon, 1883.

RETRAITE DES SIX MILLE (au Mexique), 280 pages, 23 dessins, 4 cartes. Paris, Plon, 1887.
Couronné par l'Académie française, Prix Bordin.

POLITIQUE, RELIGION, DUEL, 276 pages. Paris, Plon, 1888.

AVANT, PENDANT, APRÈS. Historique de la participation de la Roumanie à l'Exposition universelle de 1889, suivi d'un aperçu général sur la Roumanie, 442 pages, 23 dessins, 1 carte. Paris, Kugelmann, 1890.

RÉPONSE *au Mémoire adressé au Sénat roumain par les membres de la famille Ghica, le 12 janvier 1893.* 38 pages, 1 tableau. Bucarest, imprimerie Göbl. 1893.

IGNORANCE OU MAUVAISE FOI. 16 pages. Genève, Librairie Georg, 1893.

NÉOPHYTE MÉTROPOLITAIN *de Hongro-Valachie, jugé par ses écrits et ses actes.* 26 pages, Genève, Librairie Georg. 1894.

DISCOURS *à l'occasion de l'inauguration du monument, elevé à la mémoire de S. A. S. la Princesse Zoë Brancovano, Princesse régnante de Valachie.* Bucarest, Göbl.

RÈGNE DE BIBESCO (GEORGES DEMÈTRE), 2 vol. in-8°.
Tome I, *correspondance diplomatique et actes principaux d'administration,* précédés d'un résumé de l'histoire de la Valachie de 1829 à 1843. 461 pages. Paris, Plon, 1893.
Tome II, *lois et décrets (1843-1848): insurrection de 1848, histoire et légende.* 689 pages, 3 tableaux généalogiques. Paris, Plon, 1894.
Couronné par l'Académie française, prix Thiers (1895).

RÉPONSE *à M. Xénopol, membre de l'Académie roumaine, à propos de l'insurrection de 1848 en Valachie.* 19 pages. Genève, Librairie Georg, 1895.

RÉPONSE *aux calomnies de M. Ionel Bratiano.*

LE FANATISME TURC *au XVIIIme siècle.* 32 pages. Genève, Librairie Georg.

LE MANDAT DE M. LE SÉNATEUR COSTESCO COMÉNEANO. 27 pages. Genève, Librairie Georg.

PRINCE GEORGES BIBESCO

ANCIEN OFFICIER SUPÉRIEUR

MEMBRE ASSOCIÉ DE L'INSTITUT DE FRANCE

PRISONNIER

COBLENCE 1870-1871

AVEC UNE CARTE ET 3 GRAVURES DANS LE TEXTE

2me édition.

PARIS	BALE & GENÈVE
E. PLON, NOURRIT & Cie	LIBRAIRIE GEORG & Cie
8 et 10, Rue Garancière.	10, Corraterie.

1899

A Marie-Henriette-Valentine de Riquet,
Comtesse de Caraman Chimay,
Princesse Bibesco.

Ma chère femme,

Je te dédie ces souvenirs d'une des plus douloureuses pages de ma vie, à toi qui, au cours
des six mois de fer, de feu, d'angoisses que j'ai
vécus en 1870 et 1871, as eu aussi tes luttes et,
plus heureuse que nous, ta victoire.

Pendant que soldat, je combattais loin de
Paris, toi, sœur de charité, tu y préparais
l'hôtel de Chimay pour recevoir les blessés du
siège ; tu disposais le château de Ménars pour y
abriter et soigner six cents victimes de la guerre ;
tu ouvrais à tous ces malheureux, sans distinction
de nationalité, ton asile de paix, au nom de ta
devise chrétienne : « *La charité ne connaît pas
d'ennemis.* »

Plus tard, après avoir vainement sollicité[1] le gouvernement français d'intervenir auprès du gouvernement allemand, en faveur de quatre habitants de St-Bohaire[2] emmenés en Allemagne et menacés d'être fusillés — l'un d'eux en défendant sa femme avait tué un soldat allemand — tu n'as pas hésité à prendre en mains la cause de ces infortunés, à écrire à l'Empereur Guillaume[3], à lui rappeler que tu avais soigné ses blessés comme les nôtres, et à réclamer de Sa Majesté « *pour ton salaire* » la vie et la liberté des quatre condamnés. Tu as obtenu l'une et l'autre.

La paix conclue, d'autres combats, ceux-là livrés pour la sauvegarde de ton repos, de ta dignité, de ton avenir, ont absorbé ta vie. Cinq années plus tard tu devenais ma femme, et depuis la date bénie du 24 octobre 1875, près d'un quart de siècle d'un bonheur sans nuages, a fait de mon foyer, la retraite la plus enviable.

Mère des enfants qui ensoleillent le déclin de ma carrière, inspiratrice de mes bonnes

[1] Lettre adressée à Monsieur Thiers, président de la République. Voir page 139.

[2] Village situé entre Ménars et Vendôme.

[3] Lettre adressée à l'Empereur Guillaume. — Voir page 143.

actions, précieux critique de mes ouvrages, c'est
bien à toi qu'il appartient de recueillir ces souvenirs encore vivants, douloureux toujours, en
dépit des ans.

AU LECTEUR

Il n'est peut-être pas de plus grande satisfaction que de pouvoir revivre, par la plume, les événements auxquels on a pris une part active, en laissant à peine soupçonner le rôle qu'on y a joué. S'oublier est même une habileté, car c'est le sûr moyen de donner à son récit toute sa couleur, tout son relief, affranchi que l'on est du scrupule d'en dire trop, ou de la crainte de n'en pas dire assez.

Combien, au contraire, est pénible cette nécessité qui s'impose parfois à l'écrivain de faire usage, tout au long d'un récit, de l'odieux *Moi!*

C'est la carte forcée des « *souvenirs,* » et nous nous excusons auprès de nos lecteurs de la subir à notre tour, en retraçant *notre chemin de la croix* parcouru en 1870-1871 avec tant de braves gens, dont un bien petit nombre remontera avec nous, aujourd'hui, dans le douloureux passé.

LE RÊVE

En proie depuis plusieurs jours aux plus violentes émotions, torturé par la douleur de notre désastre, épuisé par la fatigue, je venais de tomber dans un profond sommeil, là-haut dans une chambre hospitalière de Sedan... C'était le 1er septembre ; il faisait nuit depuis longtemps.

A peine mes paupières closes, je vois repasser devant moi le drame sanglant de la guerre ; je remonte, le cœur angoissé, le calvaire que nous venons de gravir...

Voilà Paris ; la guerre vient d'être déclarée ; en quelques instants la nouvelle a fait le tour de la capitale... J'assiste à l'enthousiasme irréfléchi de la foule, j'entends les cris répétés de « à Berlin, à Berlin » mêlés au chant de la Marseillaise... Oh les imprudents, s'ils savaient !... Puis, les différents corps mal organisés, s'ébranlent vers la frontière mal fortifiée ; et une armée comptant à peine 250,000 hommes, réunie à la hâte, mais prête à mourir, va se mesurer avec 600,000 Allemands bien équipés, disciplinés, pourvus de tout, appuyés par une artillerie formidable, outillés pour la victoire !

Pendant qu'à Belfort le général Félix Douay fait des prodiges pour mettre le 7me corps en état d'entrer en campagne, qu'il déploie les ressources de son expérience pour améliorer et compléter les défenses de la place, pendant que les mêmes mesures, tardives hélas, sont prises à l'armée de Metz, déjà dans l'Est le sang a coulé. Combat à Wissembourg [1] le 4 août, à Spickeren [2] le 6 août, et le même jour bataille de Frœschwiller [3], terminée par la victoire des Allemands et la retraite du Maréchal de Mac-Mahon.

Mais pourquoi le sol tremble-t-il soudain ? Quelle est cette trombe lumineuse qui traverse le champ de bataille comme un météore, éblouit et arrête les colonnes ennemies ? C'est le sacrifice à la patrie qui passe ! C'est la phalange héroïque des cuirassiers Michel qui, lancée contre les masses ennemies pour couvrir la retraite des Français, charge à la mort !... C'est le sacrifice à la patrie qui passe !... Il est con-

[1] 5000 Français contre 40,000 Allemands.
[2] 30,000 Français contre 70,000 Allemands.
[3] 46,000 Français et 120 pièces de canon, contre 126,000 Allemands et 300 bouches à feu. (Général Niox. *La guerre de 1870*. Lib. Delagrave.)

sommé !... Le soleil, à son déclin, contemple les héros qui jonchent le champ de bataille ; il les enveloppe dans un rayonnement suprême, linceuil éclatant d'or et de pourpre, et leur met au front, avant de disparaître, un reflet de la gloire dans laquelle il descend.

La retraite est assurée ; mais ce n'est qu'un répit ; le flot de l'invasion un instant contenu, a repris son cours. Voyez, comme il monte de toutes parts : le lendemain de St-Privat il déborde Metz et inonde le pays ; bientôt il gagne dans la direction de Paris. Le 23 il entre à Vitry, le 25 il est à Bar-le-Duc.

C'est à cette date fatale que le Roi Guillaume apprend que le Maréchal de Mac-Mahon a quitté Reims le 23 et qu'il est en marche pour aller passer la Meuse et donner la main à Bazaine. Aussitôt, la IIIme armée allemande, qui a perdu nos traces, d'abandonner la direction de Paris pour prendre, à marches forcées, celle de Vouziers, et de nous joindre le 28 au matin, au milieu de notre marche hésitante, oscillatoire, marche de condamnés !

En effet, face à la Meuse le 26, ne sommes-nous pas ramenés le 27 au soir, dans la direction de Mézières ; ne recevons-nous pas, le 28 au matin, — sur l'insistance du gouvernement de Paris [1] — l'ordre de reprendre la direction de l'est, et le 30 dans la nuit celle du nord, de Sedan ? Aussi, quelle perturbation jetée dans nos colonnes ! C'est l'écartellement moral et physique des forces vives de notre armée.

Par contre, quelles promptes décisions l'état-major allemand n'oppose-t-il pas à nos fluctuations. Depuis que les IIIme et IVme armées nous ont joints, elles nous harcellent sans relàche, sans cesse leurs colonnes sont en contact avec notre arrière garde, prêtes à profiter de la moindre faute. Témoins les éclairs qui sillonnent la lisière des bois de Dieulé et de Beaumont, le 30 août vers midi, et les obus qui tombent au milieu du 5me corps au bivouac et y portent la panique et la mort [2].

Cependant des quatre corps de l'armée du maréchal, les 1er, 12me et 5me passent, le soir même, sur la rive droite de la Meuse, tandis que le 7me franchit le fleuve pendant la nuit, à la suite des cuirassiers et de l'artillerie, sur un pont submergé, dont seules deux lignes — formées par les garde-fous, — révèlent l'existence.

[1] Voir pages 68, 69, 72, 73, de *Belfort, Reims, Sedan* par Bibesco. — Plon.

[2] C'est la XXIIme division du XIIme corps et l'artillerie saxonne à droite, le 1er Bavarois à gauche, qui mènent l'attaque. (*Belfort, Reims, Sedan*, p. 94—103.)

Les eaux de la Meuse reflétent les feux qui éclairent les deux rives du fleuve, s'allument de rougeurs d'incendie et nous renvoient l'image, comme ensanglantée, de notre désarroi.

A cinq heures du matin, Sedan nous apparaît avec ses fortifications d'antan. La Place ouvre ses portes, et les soldats du 7ᵐᵉ corps, ivres de fatigue, tenaillés par la faim, défilent à travers les rues de la ville d'un pas mal assuré qui trahit leur état physique et moral.

Voilà le 7ᵐᵉ corps sur le terrain qui lui a été assigné au nord-ouest de Sedan, face à la frontière belge, en arrière du plateau d'Illy. Il est occupé à élever sur le front de ses positions des retranchements, en vue de la lutte prochaine, pendant que, derrière lui et à droite, le canon gronde sans relâche, et que l'artillerie allemande ne cesse de faire pleuvoir ses obus sur les corps Ducrot, Lebrun et de Failly, en marche pour aller occuper leurs positions autour de la Place.

Entre temps la nuit est venue et a mis fin à la canonnade. Mais, quelle sombre veillée! dans le silence des heures qui nous séparent de l'irrémédiable, quelles angoisses sont les nôtres!

A peine l'aube du 1ᵉʳ septembre a-t-elle blanchi l'horizon, qu'au sud, du côté de Bazeilles,

2

à travers la brume épaisse qui s'étend sur le pays, les canons ennemis sonnent la bataille. Le 11ᵐᵉ Bavarois, soutenu par le 4ᵐᵉ corps et les batteries établies sur les hauteurs de la Marfée et de Wadelincourt, s'élance à l'assaut du riant village de Bazeilles, encore endormi dans le gracieux lit d'émeraude que lui font ses jardins et ses prés.

On n'est pas parvenu à faire sauter le pont du chemin de fer ; les Bavarois le franchissent. Les voilà dans Bazeilles, que le corps Lebrun leur dispute pied à pied.

Infortuné village ! Hier, tes habitants saluaient avec ivresse l'arrivée de nos régiments ; tes jolies filles, tout à la danse au milieu des prairies en fleurs, fêtaient, sans souci du lendemain, les heures qui haletaient dans l'épanouissement d'un radieux après-midi d'été, pour s'endormir paisiblement, à la voix grave de l'angelus. Hier, c'était la joie de vivre ; aujourd'hui, c'est la gloire de mourir. En ce moment Bazeilles est le théâtre sanglant d'une lutte héroïque, Bazeilles est la proie des flammes !

De toutes parts les colonnes allemandes, mises en marche bien avant le jour, décrivent autour de l'armée française deux arcs convergents vers le nord des positions du 7ᵐᵉ corps. A l'est de Sedan, dès 7 heures, les colonnes saxonnes[1] débouchent du bois Chevalier, abordent, en face de Daigny, la division Lartigue[2] et parviennent, après deux heures de combat, à occuper une forte position.

A l'ouest, presque à la même heure, le Prince royal de Prusse[3] appuyé par les Wurtembergeois, passe la Meuse à Donchery, contourne la boucle que forme la Meuse à la hauteur de St-Menges et ouvre son feu contre la 2me division (Liébert)[4]. Et nous commençons à sentir l'étau monter le long de nos flancs et mordre.

Cependant, en avant de nous, devant Fleigneux, Illy et Givonne, la route n'est-elle pas libre ? Oui, elle est libre, mais dans d'autres conditions qu'hier. C'est hier qu'il aurait fallu occuper le plateau d'Illy, le dos à la frontière belge, ainsi que le conseillaient Ducrot et Douay, pour livrer le suprême combat et, après une défense désespérée, battre en retraite sur le territoire hospitalier de la Belgique, sauver nos armes et nos drapeaux, et y pleurer notre défaite... A cette heure, il est trop tard !

[1] 12me corps, IVme armée, Prince royal de Saxe.
[2] 1er corps français (Ducrot).
[3] 11me corps prussien, IIIme armée, Prince royal de Prusse.
[4] 2me division du 7me corps français ; Commandant Félix Douay.

Déjà le double mouvement des armées allemandes s'accentue avec rapidité. A droite le Prince royal de Saxe[1], maître de Daigny, poursuit sa marche au delà de Givonne avec une partie de la garde, dans le but de rejoindre, au nord de Sedan, le Prince royal de Prusse[2]. A gauche les 11me et 5me corps de la IIIme armée — le 5me corps précédé par son artillerie, — viennent de s'établir sur la position de St-Menges et sur le plateau de Fleigneux, en même temps que deux batteries et une réserve[3] d'artillerie bavaroises pénètrent dans la presqu'île d'Iges.

Encore une fatalité : on n'est pas parvenu à inonder la presqu'île, de telle sorte que, le 7me corps déjà en but à l'artillerie établie au nord de Sedan, pris à revers par les obus lancés des hauteurs de Wadelincourt, pris d'écharpe à droite, par l'avalanche de fer qui passe à travers le 1er corps, se trouve encore mitraillé à gauche par les Bavarois ! Situation plus affreuse fût-elle jamais !

D'ailleurs, tout conspire au triomphe des armées allemandes. Dès 6 heures du matin, le

---

[1] Commandant la IVme armée.
[2] Commandant la IIIme armée.
[3] Division Bothmer, 2me corps bavarois.

maréchal, blessé, a remis le commandement au général Ducrot. L'Empereur, resté pendant cinq heures sous le feu de l'ennemi au plus fort de l'action, a dû rentrer dans Sedan, souffrant cruellement du mal qui le mine et menace de l'emporter bientôt. Spectateur agonisant de l'écroulement de son Empire, il a vainement tenté, vainement espéré de ne pas lui survivre!...

Devenu général en chef, Ducrot va reporter l'armée française vers le Nord, le dos à la frontière belge, accepter la bataille sur le plateau d'Illy et empêcher, ou du moins retarder, la jonction des IIIme et IVme armées allemandes. Les corps d'armée commencent le mouvement, quand survient le général de Wimpfen, pourvu d'une lettre ministérielle le désignant comme le successeur du maréchal de Mac-Mahon, au cas où ce dernier serait tué ou blessé.

Wimpfen arrête le mouvement de l'armée vers le nord et se dirige vers le sud, avec l'intention de se frayer un chemin vers Carignan en jetant les Bavarois à la Meuse. Ainsi, trois commandants depuis le matin, trois plans différents, et il est à peine 10 heures! C'est dans ces conditions que la lutte se poursuit avec acharnement.

Mais ces ordres, ces contre-ordres ont jeté le

désarroi dans nos colonnes exposées depuis cinq heures du matin au feu décimant de l'artillerie allemande; ils ont achevé d'ébranler le moral de nos soldats, en augmentant le péril de notre situation. En effet, pendant ce temps, les armées ennemies ont marché vers leur but avec résolution; et nous les voyons, impuissants à les en empêcher, opérer leur jonction. Il est 2 heures : nous sommes cernés, enfermés dans un cercle de fer et de feu.

C'est l'heure des dévouements.

Guidé par le général Ducrot, le général Margueritte paraît à la tête de son admirable division de cavalerie. Il va la lancer sur l'ennemi, quand une balle le frappe mortellement. Ses régiments, transportés de fureur, s'ébranlent aussitôt à la voix de leurs commandants et chargent l'ennemi pour venger le chef qu'ils confondent dans un même sentiment de respect et d'admiration. Mais ils se brisent contre des carrés bien défendus, et la mitraille fait dans leurs rangs d'horribles trouées. L'intrépide Galliffet[1] les rallie, amputés et sanglants, et il se met

---

[1] Galliffet a été nommé général de brigade le 30 août 1870 à Rémilly, le jour même où Margueritte, qu'il remplaçait dans ce grade, était nommé général de division. (Voir les pièces du ministère de la guerre.)

à la tête de la division dont Margueritte, en tombant, lui a envoyé l'ordre de prendre le commandement.

Ducrot est encore là, le cœur saignant du double drame [1] auquel il vient d'assister : une partie de notre cavalerie fauchée, Margueritte agonisant! Il demande à Galliffet *de tenter encore un effort, pour l'honneur des armes. — Tant que vous voudrez, mon général,* lui répond Galliffet, *tant qu'il en restera un,* et d'entraîner de nouveau ses régiments [2]!...

La terre tremble sous le galop des chevaux, on dirait le roulement du tonnerre qui s'éloigne...

Brusquement un autre bruit lui succède, celui de la fusillade et du canon... Les régiments français ont disparu dans la fumée, ils sont arrivés sur les carrés ennemis...

A ce moment le feu se ralentit : c'est la collision... minutes pleines d'angoisse !...

---

[1] Le brave général Tillard, plus ancien de grade que Galliffet, venait d'être tué par un obus reçu en pleine poitrine. Son aide de camp Proust, capitaine d'état-major, fut tué à ses côtés.

[2] Voir la brochure du général Ducrot.

Voir sa lettre au général de Bauffremont datée de Versailles le 3 avril 1880 : pages 161-165.

Voir, à la fin, pages 153-155, la lettre du colonel de Bauffremont, adressée à son frère le Duc de Bauffremont, de Sedan, le 2 septembre 1870.

Mais voici le crépitement de la fusillade et le grondement du canon qui de nouveau font rage ; de nouveau le sol est ébranlé ; le galop d'une cavalerie, — c'est la nôtre qui revient, — se perçoit distinctement.

Bientôt les masses émergent de la fumée ; les voilà qui paraissent, précédées de chevaux par pelotons, décapités de leurs cavaliers, serrés les uns contre les autres, affolés, portant des plaies béantes, et, peu après, Galliffet ramenant les débris de ses régiments héroïques, dont la mort n'a pas voulu !

Que de sang répandu ; combien d'actions d'éclat accomplies pour *l'honneur des armes,* telle la charge conduite par le lieutenant-colonel de Gantès[1] à la tête du 1er régiment de hussards !

Ah ! le vaillant officier ! resté en selle malgré un éclat d'obus qui lui a fracturé la cuisse [2], le marquis de Gantès n'a pas hésité à aborder, dans un élan superbe, les lignes allemandes. Tentative vaine ! A la suite d'un combat

[1] Voir la lettre de M. de la Brosse, maire de Floing, à M. le Sous-Préfet de Sedan : 3 novembre 1871, pages 169-172.

[2] Voir même lettre.

Voir la lettre du brigadier du 1er hussard Eugène Robert, adressée à Mme la Marquise de Gantès : Arras le 12 novembre 1871. Pages 173 et 174.

corps à corps avec un officier allemand, le lieu-tenant-colonel, déjà affaibli par sa blessure, a été renversé de cheval, le crâne fendu d'un coup de sabre, tandis que son régiment était décimé !...

Cependant, au nord, le plateau d'Illy occupé tour à tour, par le 1er et le 7me corps est aban-donné sans retour !... La défense a perdu pied ; de toutes parts le flot de la déroute roule vers les fossés de Sedan et s'y engouffre, en même temps que l'air est déchiré par de lugubres dé-tonations, — ce sont des caissons d'artillerie qui font explosion — et par les sanglots des blessés qui disparaissent dans les flammes des ambu-lances en feu !...

Au sud, du côté de Carignan, l'attaque des généraux de Wimpfen et Lebrun a échoué et vainement ils la renouvellent vers les cinq heures, pendant que dans les rues de Cazal le comman-dant d'Arlincourt et 2 escadrons de cuirassiers s'illustrent par un magnifique fait d'arme !...

Bientôt les crêtes, abandonnées par nos sol-dats, sont occupées par les fantassins allemands ; le drapeau blanc est hissé pour la seconde fois sur une maison de Sedan, le canon se tait, la fusillade cesse, un silence redoutable plane sur le champ de bataille, nous pénètre de l'hor-

reur de notre situation et nous laisse voir la
France en deuil pleurant son armée et ses drapeaux !...

Quelle agonie !... Est-ce un rêve ?... serait-
ce la réalité ?...

Tout à coup, de joyeuses fanfares éclatent
dans l'air ! Mais ce ne sont pas là les sonneries
françaises ; les cuivres même n'ont pas la sono-
rité des nôtres !... D'un bond je suis debout,
haletant ; je regarde... j'écoute... j'ai compris:
là-bas, sonnent les funérailles de nos espérances et de notre liberté.

Vaincus, et prisonniers !

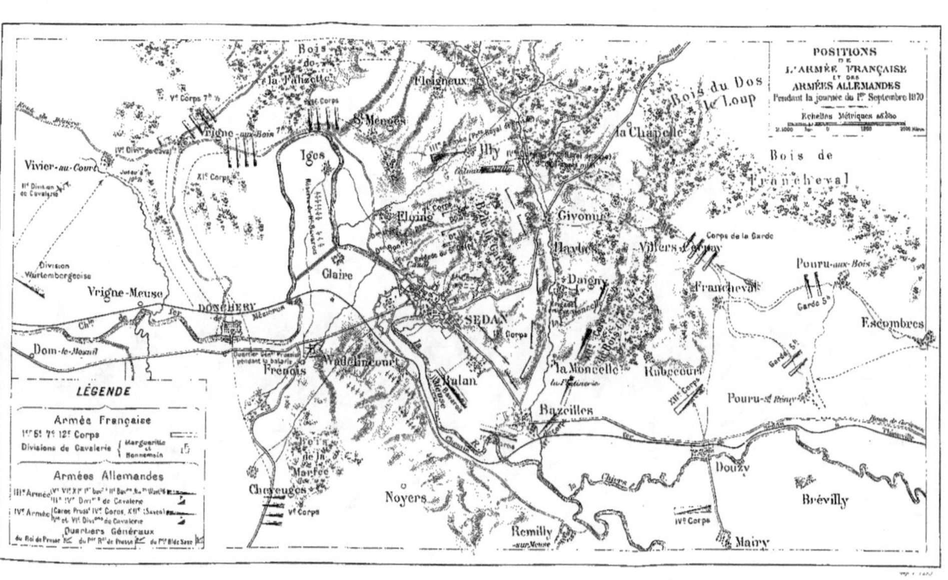

POSITIONS
DE
L'ARMÉE FRANÇAISE
ET DES
ARMÉES ALLEMANDES
Pendant la journée du 1er Septembre 1870
Echelles Métriques
Bois de la Falizette
Fleigneux
Bois du Dos le Loup
Vᵉ Corps
Vrigne-aux-Bois
St Menges
la Chapelle
Bois de Francheval
IVᵉ Divⁿ de Caval
Igos
Illy
Vivier-au-Court
XIᵉ Corps
Floing
Givonne
Corps de la Garde
IIᵉ Division de Cavalerie
Daigny
Villers-Cernay
Pouru-aux-Bois
Division Wurtembergeoise
Glaire
Garde 5ᵇ
Vrigne-Meuse
DONCHERY
SEDAN
Francheval
Escombres
Dom-le-Mesnil
Wadelincourt
Iᵉ Corps
la Moncelle
Garde 5ᵇ
Frenois
Balan
Illy
Illy
Daigny
Fond de Givonne
Kubecourt
Pouru-st-Remy
Bazeilles
XIIᵉ Corps
Chaveuges
Bois de la Marfée
Douzy
Bois de Noyers
Brévilly
Vᵉ Corps
Noyers
IVᵉ Corps
Remilly-sur-Meuse
Mairy

LÉGENDE

Armée Française
1er 5ᵉ 7ᵉ 12ᵉ Corps
Divisions de Cavalerie { Marguerite et Bonnemain }

Armées Allemandes
IIIᵉ Armée Vᵉ VIᵉ XIᵉ Iᵉ bav. IIᵉ Bav. Wurt.
IIIᵉ IVᵉ Divⁿ de Cavalerie
IVᵉ Armée Garde Pruss. IVᵉ Corps, XIIᵉ (Saxon)
Vᵉ et VIᵉ Divⁿˢ de Cavalerie
Quartiers Généraux
du Roi de Prusse   du Pᶜᵉ Rˡ de Prusse   du Pᶜᵉ Rˡ de Saxe

DE SEDAN A COBLENCE

L'armée française est prisonnière. L'Empereur a « remis son épée au Roi Guillaume, » et le général de Wimpfen, enveloppé par 200,000 hommes et 5oo bouches à feu, sommé de signer la capitulation avant le 2 septembre à 11 heures du matin, dans l'impossibilité de tenter le moindre effort pour sortir de Sedan, où règne un désordre indescriptible, dont toutes les issues sont formidablement gardées, s'exécute et met son nom au bas de la capitulation.

La bataille de Sedan nous coûtait 3ooo morts, 14,000 blessés, sur 70,000 hommes engagés ; les Allemands avaient 2ooo morts et 7ooo blessés sur 200,000 combattants. Cependant, il s'est rencontré des braves, à Paris, qui sans souci de la vérité, sans respect pour l'honneur du drapeau, pour le deuil de la France, ont accusé l'armée *d'avoir capitulé sans tenter même un effort,* alors que l'ennemi, qui payait sa victoire du sang de 9ooo des siens, rendait hommage à la

résistance désespérée des Français, résistance
attestée par cette hécatombe de 17,000 victimes,
à l'avant-garde desquelles figuraient un maréchal de France et 26 généraux!

De Mac Mahon,
Guyot de Lespart,
Margueritte,
Girard,
Liédot,
Tilliard,
Lebrun,
Dumont,
d'Ouvrier de Villeghi,
de Salignac-Fénelon,
de Lartigue,
Prince de la Moskowa,
Pelletier de Montmarie,
Fraboulet de Kerléadec,
Louvent,
Guïomar,
Bittard des Portes,
Gambriels,
Mitrécé,
Carteret-Trécourt,
Wolff,
Courson de la Villeneuve,

de Fontanges,

Gandil,

L'Hérillier,

Chagrin de S\ Hilaire :
voilà la tète de colonne de nos 17,000 morts
ou blessés ! Battez aux champs devant leurs
ombres que nous évoquons, pour qu'elles laissent à la postérité le souvenir de la vaillance
et de l'abnégation opposées par l'armée de
Sedan au nombre, à un armement supérieur,
au destin ! Battez aux champs.

L'histoire a raconté la lutte héroïque de nos
régiments à Bazeilles, à Daigny, à St-Menges,
à Fleigneux, au Calvaire d'Illy, à Balan ; elle a
retracé dans son livre d'or les charges devenues légendaires de notre cavalerie, et si elle n'a
pu léguer aux générations entrées après nous
dans la carrière, toutes les actions d'éclat ensevelies dans la grande mêlée avec ceux qui les
ont accomplies, c'est qu'il y en eut trop !

Pendant que l'Empereur Napoléon est conduit à Wilhelmshöhe, résidence qu'il occupera
jusqu'à la fin de la guerre, l'état-major allemand réunit dans la presqu'île d'Iges, formée
par une boucle de la Meuse, toutes les fractions
de notre armée, et il fait le dénombrement des
officiers. Là, nous attendons pendant trois jours

et trois nuits, accablés par notre désastre, sans abri, sans feu, sans vivres, qu'on statue sur notre sort. Enfin nous quittons cette presqu'île bien surnommée « *le camp de la faim,* » pour prendre le chemin de la captivité.

On nous a séparés de nos soldats qu'on a désarmés. Grâce à l'intervention des généraux Faure et F. Douay, on nous laisse nos armes et nos montures qui doivent nous transporter à Pont-à-Mousson d'où un train nous conduira à Coblence.

Quel voyage! La pluie soir et matin, sans un moment de répit! Un après-midi, — surcroît d'amertume et d'humiliation! — comme nous traversons les rangs des soldats du 7me corps qui suivent avec leur escorte la même route que nous, nous surprenons de mauvais regards dirigés vers nous et nous entendons ces mots proférés presqu'à haute voix : *les traîtres, enlevons-les !* Et, quelle n'est pas notre tristesse en reconnaissant dans quelques-uns de ces malheureux — bien à plaindre quand même — des soldats que nous avions eu de la peine à ramener et à maintenir sur le plateau d'Illy! Scène lamentable, rendue plus pénible encore par la présence des officiers allemands qui, d'ailleurs, ne cachaient pas leur indignation...

En arrivant à Vigneules, nous éprouvâmes un vif désappointement : on nous prévint qu'il fallait nous séparer de nos chevaux, ces braves compagnons de nos fatigues et de nos dangers. Cette nouvelle nous fut communiquée chez le maire M. Dardar de la Marche, dont les bons offices nous ont laissé un inoubliable souvenir. Elle me fut particulièrement pénible, car je dus laisser à Vigneules mon arabe, *Sanglier,* cheval sans prix, autant par les belles qualités qu'il tenait de sa race, que par ses beaux états de service.

Sanglier avait appartenu en 1862 à l'amiral Jurien de La Gravières qui l'avait emmené d'Afrique, au moment de son départ pour le Mexique, et en avait fait don à son chef d'état-major, mon ami Capitan. Quand cet officier supérieur, d'une distinction qui ne le cédait ni au talent, ni au courage, tomba mortellement frappé sous les murs de Puebla, victime d'une abnégation hors de pair, je conservai Sanglier, conformément à sa volonté. Le souvenir de l'amiral et de Capitan aurait suffi à me rendre cher le cheval qui leur avait appartenu, si les charges fournies par ce vaillant animal avec Capitan et plus tard avec moi, les marches et les combats auxquels nous avions pris part ensemble, au Mexique, pendant près de quatre années, n'avaient créé entre nous des liens que ses services récents avaient encore resserrés.

Je plaçai toute ma confiance dans la bonne volonté de M. Dardar de la Marche pour qu'il prit soin de mon fidèle compagnon, et tâchât de le soustraire, si possible, aux réquisitions, puis je me séparai de celui-ci, après une dernière caresse.

Nous voici à Pont-à-Mousson, terme de la première partie de notre route. Nous nous rendons à l'état-major allemand, pour y renouveler, l'engagement de ne pas nous évader ; on nous fait connaître l'heure fixée pour le rendez-vous général au chemin de fer, et on nous laisse libres de circuler dans la ville. Comme nous n'avons pas plus le cœur à la distraction qu'à la promenade, nous nous rendons directement à la gare.

Nous arpentions le quai depuis quelques minutes, quand nous vîmes entrer dans la cour un paysan d'un certain âge déjà, l'air naïf, vêtu d'une blouse bleue, les mains derrière le dos, le nez au vent, se promenant en curieux. Il ne croyait certes pas mal faire, le pauvre diable, et il ne se doutait pas qu'il violait une consigne

en s'approchant des wagons que l'on déchar-
geait. Mal lui en prit. Un officier allemand,
sorte de géant présidant au travail, aperçut le
paysan, s'élança vers lui, l'interpella violem-
ment, et joignant le geste à la parole tira son
sabre et en asséna un coup sur la tête du malheureux. Le sang jaillit; l'homme chancela,
puis se raffermissant sur ses jambes, il s'éloigna
sans mot dire, en se tenant la tête ensanglantée, et en flagellant sur ses jambes comme un
homme ivre! Brutalité révoltante, commise dans
le but d'inspirer la terreur!...

Quatre heures sonnent, le train est prêt, les
wagons se remplissent, mais la place manque
pour nous recevoir tous, et le général Ranson,
chef d'état-major du 7ᵐᵉ corps, et ses officiers
sont obligés de s'installer dans un wagon à
bestiaux, que l'on rend habitable, tant bien que
mal, en y entassant des bottes de paille.

Il fait nuit, quand le lendemain le train s'arrête en gare de Coblence. Les officiers en des-
cendent précipitamment et se portent en tumulte
vers le buffet. Dans le mouvement qui se produit, le lieutenant de Vergennes et moi, nous
sommes séparés du général Douay qu'un officier
de l'état-major de la place est venu chercher
pour le conduire à l'hôtel Bellevue.

J'avise un capitaine allemand, je lui dis que nous sommes attachés, mon camarade et moi, à la personne du général commandant le 7me corps, et je le prie de nous faire conduire auprès de lui. L'officier donne des ordres à un planton qui nous guide jusqu'à l'hôtel.

Triste, abîmé dans ses réflexions, le général, appuyé contre une fenêtre, tenait ses regards fixés sur la forteresse d'Ehrenbreitstein qui se dressait en face, au delà du Rhin. Comme nous tous, depuis notre désastre, il vivait dans une constante préoccupation sur le sort qui était réservé à l'armée de Metz, à Metz et à Strasbourg, à la Lorraine et à l'Alsace, à Paris ! Paris qui sera bientôt assiégé, et dont nous n'évaluons pas la résistance à plus de quinze jours !...

Un repas sobre nous réunit autour d'une table dans la chambre même du général. Il fut court, silencieux, et à peine terminé chacun de nous alla demander au sommeil un soulagement à ses fatigues physiques et morales.

Le lendemain, dès la première heure, nous nous rendons à la Place (la Commandantur). Là on inscrit notre nom, notre grade et notre adresse. Cette formalité remplie, notre premier soin, — le plus urgent — est de monter notre garde-robe, car, en fait de linge, de chaussures, d'effets d'habillement, d'objets de toilette, il ne nous reste rien, tout a sombré dans la journée du 1er septembre.

Sur cette occupation vint se greffer la préoccupation de la résidence à choisir pour le temps de la captivité. Les camarades qui optèrent pour Coblence durent se mettre, sans retard, en quête d'un logement ; les autres furent dirigés par les soins de l'autorité militaire sur la localité de leur choix. Bientôt il ne resta, dans la Place de Coblence, qu'un millier d'officiers de tous grades ; 40,000 soldats français furent répartis dans deux camps.

Le général Douay élut domicile à Bonn. Il se fut trouvé mal à l'aise dans cette place forte, où s'organisait d'une manière régulière, continue, l'invasion de la France ; où l'on formait les conscrits ; où l'on n'entendait que le pas cadencé des fantassins et le roulement sourd de l'artillerie ; d'où troupes, canons, munitions, vivres, déferlaient en vagues pressées vers la frontière pour aller ravitailler et renforcer les armées allemandes.

A Bonn, que nous étions allés reconnaître quelques jours auparavant, le général Douay était certain de trouver un calme relatif.

Seigland[1] et de Vergennes[2] s'étant installés auprès de lui, je résolus de ne pas quitter Coblence.
Bonn n'étant qu'à une heure et demie de cette
place, par le chemin de fer, j'étais certain de
pouvoir me rendre aussi souvent que je le vou-
drais auprès du chef auquel, depuis le Mexique,
m'attachaient mon dévouement et son amitié.

Quand Douay se fut installé à Bonn, je conservai à l'hôtel Bellevue sa chambre donnant
sur le Rhin. Fort modeste, le n° 2 du couloir;
mais on y avait de l'air, du soleil, la vue du grand
fleuve dans sa marche ininterrompue et rapide,
biens inappréciables qui rendaient les heures
moins lourdes.

Du balcon nous apercevions, au delà de la rue,
un mur d'enceinte crénelé; derrière, la berge;
puis le Rhin, puis l'imposant pont de bateaux
réunissant les deux rives, mais s'ouvrant au milieu, à certaines heures, pour livrer le fleuve à la
circulation. Presque en face, là haut sur la rive
droite, la forteresse d'Ehrenbreitstein appa-
raissait formidable, et non loin d'elle un petit
fort enfoui dans la verdure.

Celui-là deviendra bientôt l'objet de notre

[1] Aide de camp du général Félix Douay au Mexique et en
1870; mort en 1897.
[2] Aujourd'hui colonel.

La forteresse d'Ehrenbreitstein.

haine, car il saluera, de toutes ses batteries, le 26 septembre, la capitulation de Strasbourg et le 28 octobre celle de Metz ! Pour nous qui de notre fenêtre verrons jaillir l'éclair et percevrons les vibrations de chaque coup de canon, annonçant à la France un nouveau malheur, les émotions seront cruelles.

J'eus vite fait de transformer ma pièce unique en deux chambres, l'une formant chambre à coucher et de toilette, l'autre cabinet de travail. Il ne fallut, pour résoudre ce problème sans frais ni beaucoup d'imagination, que requérir un vieux paravent, le planter au milieu de la pièce, et en déployer les ailes dans sa largeur. Il en résulta que les 24 mètres carrés dont j'avais la jouissance et que je baptisai du nom d'*appartement* comprirent : à droite — en entrant — le lit, la toilette, une commode et deux chaises dissimulés par ledit paravent ; à gauche — dans l'angle — un poêle en fonte dont la porte louchait visiblement, en face — près d'une des fenêtres — une grande table à écrire, derrière un secrétaire portant deux bouquets de fleurs sous globes de verre, et sur chacune des consoles — flanquant la porte du balcon — un candélabre à trois branches dont chacune paraissait chercher un point d'appui sur sa voisine.

Dans la crainte de détruire, en y touchant, l'harmonie que malgré tout le temps avait conservée à ces vieux meubles, j'évitai autant que possible de les déplacer. Ils servirent plutôt comme ornement.

D'habitude, la lumière d'une petite lampe éclaira seule le prisonnier et les menus objets réunis sur sa table de travail, chers souvenirs venus de loin pour lui parler des absents.

Aux heures des repas on repliait un des panneaux du paravent, et l'on dressait la table face au balcon, à cheval sur la frontière de mon domaine.

Ma petite organisation terminée, la question importante fut de tromper les heures de la captivité. Je cherchai le salut dans le travail, et ayant résolu de raconter le drame de Sedan, je commençai, sans retard, le livre qui parut en 1872 au retour de ma captivité[1].

Chaque matin, à 9 heures, les officiers français se réunissaient dans une cour basse près de la caserne des grenadiers, non loin de la Porte de Cologne, pour y recevoir leur correspondance. A heure dite, trois sous-officiers allemands — l'un d'eux, le gros, avait été employé, disait-on, à Paris dans un magasin de porcelaines

---

[1] Plon, éditeur. Belfort, Reims, Sedan.

La distribution des lettres.

— arrivaient avec nos lettres, préalablement décachetées et lues, et la distribution commençait. Pendant ce temps le crayon des officiers dessinateurs n'avait garde de chômer : et je connais plus d'un album où les dits sous-officiers sont croqués dans toutes les positions ; mais je ne crois pas que personne ait reproduit leurs traits avec une ressemblance aussi frappante, aussi fine dans ses détails, que le capitaine Darras[1].

La distribution des lettres terminée, après quelques mots et quelques serrements de main échangés avec des camarades — Davenet, Beziat, Loyzillon, Olivier, Robert... — je rentrais à l'hôtel, où le travail alternait avec le déjeuner de 1 heure, la promenade de 2 à 4 et le souper de 8 heures.

Ma vie s'écoulait ainsi, régulière, tranquille, quand un jour, elle entra dans une phase d'activité que je n'avais pas prévue. Ehrenbreitstein, *ce nid d'aigle,* cette formidable forteresse qui défend le pays environnant et aux pieds de laquelle la Moselle vient unir ses eaux à celles du Rhin, servait de prison à des officiers qui avaient

[1] Le capitaine Darras est aujourd'hui général de division, commandant à Dijon.

refusé de s'engager à ne pas tenter de s'évader, et à des préfets, des sous-préfets, des officiers de douane auxquels on n'avait même pas offert leur liberté en ville, sur parole. Situation anormale, injuste, car ces prisonniers civils qui expiaient le tort d'être restés à leur poste et d'y avoir fait leur devoir jusqu'au bout, avaient encore plus de droits que ceux de l'armée à être traités avec humanité.

Les portes d'Ehrenbreitstein n'avaient plus livré passage à des prisonniers depuis qu'elles s'étaient refermées sur M. Ferrand, le très sympathique préfet de Laon et de M. le préfet d'Azincourt, lorsqu'elles s'ouvrirent de nouveau le 30 septembre pour recevoir le préfet de Strasbourg, Valentin.

La vaillante place de l'Alsace était tombée aux mains des Allemands, le 26 septembre, après avoir soutenu un siège de 46 jours, avoir reçu plus de 190,000 projectiles, vu brûler 600 maisons, tuer ou blesser 1800 hommes. Une brèche avait été ouverte au corps de place [1].

Ses défenseurs furent dirigés sur le nord de l'Allemagne, mais tandis que les officiers étaient laissés libres sur parole, dans les villes qui leur

---

[1] La Guerre de 1870, par le général Niox.

étaient assignées comme résidence, le préfet de Strasbourg était envoyé à Coblence pour être enfermé dans la forteresse.

On se souvient que Valentin [1], nommé préfet de Strasbourg alors que la place était déjà investie, avait accepté d'y représenter le gouvernement français. *Celui-ci s'en rapportait à l'énergie et au patriotisme du nouveau préfet pour aller occuper son poste.*

Valentin jura de pénétrer dans Strasbourg, mort ou vif. Il tint parole : arrivé devant Strasbourg, non sans risquer plusieurs fois de rester entre les mains de l'ennemi, Valentin parvint à traverser leurs lignes, à franchir à la nage l'Ill et un fossé de la place, sous les feux croisés des Allemands et des Français, à se faire reconnaître de ces derniers, et à pénétrer dans la ville dans la nuit du 18 au 19 septembre.

La nouvelle de cet acte héroïque se répandit bientôt en Allemagne ; mais comme il était le fait d'un homme connu pour ses opinions républicaines, il y fit naître un tout autre sentiment que celui qu'il méritait d'inspirer, il valut au

[1] Ancien officier passé en Angleterre après le coup d'Etat du 2 décembre 1852, devenu professeur d'artillerie et du génie à Woolwich en 1860, Valentin avait été nommé par la Défense nationale préfet du Bas-Rhin, le 5 septembre 1870. (Larousse).

vaillant préfet la réputation d'un personnage dangereux. Précédé d'une aussi fâcheuse notoriété, il n'est pas étonnant que Valentin ait été dirigé, sans hésitation, sur Ehrenbreitstein.

Les renseignements qui me parvinrent sur les prisonniers de la forteresse, et principalement sur le colonel des douanes Marcotte, homme charmant, dont la santé malheureusement était très altérée, qu'on avait autorisé à voir ses enfants que leur gouvernante lui amenait tous les jours dans sa prison, mais sur lequel le régime de la détention produisait une surexcitation inquiétante, me détermina à demander l'autorisation de visiter les prisonniers, et de leur porter des livres, des journaux, la consolation de voir un visage ami. L'autorisation me fut accordée, et dès ce moment mon ascension à la forteresse, après le repas de une heure, fit partie du programme de ma journée.

A vrai dire, le passage du pont par la pluie ou le froid, le parcours des lacets aboutissant à l'esplanade qui servait de promenoir aux prisonniers, les rafales qui vous y assaillaient, rendaient parfois l'ascension pénible ; mais une fois là haut, devant ces mains tendues, sous le clair regard de ces yeux dont l'accueil vous pénétrait, fatigue et froid étaient oubliés. Alors,

bras dessus, bras dessous, nous arpentions l'esplanade à grandes enjambées ; les questions se
pressaient sur les lèvres, les yeux avides de savoir fouillaient dans les nôtres pour y trouver
la réponse avant même que les lèvres se fussent
entrouvertes pour la donner.

Et combien de déceptions, combien d'heures
mauvaises. Pourtant nous ne voulions pas désespérer : Metz ne tenait-elle pas toujours ? de
nouvelles armées ne se levaient-elles pas pour
arrêter l'envahisseur ? Paris, l'âme de la France,
investie depuis le 20 septembre, ne payait-elle
pas d'exemple, le courage et l'abnégation de ses
femmes n'ennoblissaient-ils pas la gloire de sa
résistance ? Et une fois sur ce terrain — nous y
revenions chaque jour, — le champ des illu-
sions s'élargissait, on rêvait d'une grande victoire, d'armées allemandes en retraite, de colonnes françaises aux portes de Coblence, dans la
citadelle d'Ehrenbreitstein !...

Et l'heure de fuir à tire d'ailes ; et nous de
quitter ces braves gens, le cœur attristé de rentrer sans eux dans notre chambrette d'hôtel où,
près du feu, ils auraient pu laisser, tout à loisir,
saigner leur plaie, poursuivre leurs rêves, loin
des regards des sentinelles allemandes.

Peu à peu, notre ascension prit, à nos yeux,

l'importance d'un pèlerinage ; elle nous devint nécessaire. C'est qu'un sentiment avait pénétré notre âme et nous faisait éprouver devant le spectacle de nos camarades séparés, en quelque sorte, de la vie extérieure et traités avec une rigueur que nous ne connaissions pas, comme une gêne à jouir de la situation — précaire cependant — qui nous était faite en ville. Nos visites à Ehrenbreitstein ne donnaient pas à notre conscience pleine satisfaction ; notre pensée inquiète rôdait, sans cesse, autour de la forteresse et nous finîmes par être hantés de l'idée d'en faire ouvrir les portes à nos camarades.

Mais comment ? Par quels moyens ? Grâce à quelles influences ?... Des événements imprévus allaient nous prêter main forte.

HISTOIRE D'UNE DÉPÊCHE

SOUPÇONNÉ DE CONSPIRATION

Un soir que je revenais de Bonn où j'étais
allé voir le général Félix Douay, je me sentis
envahi par une sorte d'inquiétude confinant à
l'angoisse. Pendant le trajet de la gare à l'hôtel
cette impression s'accrut et il me parut si évi-
dent que j'allais au devant d'une mauvaise nouvelle, que je ne fus nullement surpris quand
Mme Hoche, la propriétaire de l'hôtel, venant à
ma rencontre, me dit : « Mon commandant, on
vous a demandé tantôt, de la part du général
de Wedell. » *C'est ma tuile,* pensai-je, *reste à
savoir sous quelle forme je la recevrai?* Je remerciai ma propriétaire, et je montai dans ma
chambre.

Nuit lassante, passée à interroger mes actes,
et à me demander comment j'avais bien pu éveil-
ler la *sollicitude* du général baron de Wedell,
commandant la place de Coblence ? Le lendemain matin, dès neuf heures, je me présentais
chez le général que je connaissais seulement

pour lui avoir demandé, la veille, l'autorisation
de me rendre, pour la journée, à Bonn. Le baron
de Wedell était dans la force de l'âge ; grand,
mince, très distingué, il portait dans ses yeux
bleus le reflet de sa nature loyale et bienveil-
lante. Blessé devant Metz, ayant besoin de
soins et de repos, il venait d'être désigné pour
commander la place de Coblence sous les ordres
du général Herwardt de Bittenfeld, l'ancien commandant en chef de l'expédition contre le Dane-
mark. Herwardt de Bittenfeld était gouverneur
de la province.

Lorsque, la veille, j'avais été reçu par le baron
de Wedell, je n'avais eu qu'à me louer de son
extrême politesse ; en le revoyant je fus surpris
du changement qui s'était opéré dans ses manières ; non qu'il se fût départi de sa courtoisie,
mais cette courtoisie avait revêtu un caractère
cérémonieux qui me frappa dès mon entrée dans
son cabinet. Aux premiers mots qu'il prononça,
après m'avoir offert un siège, je compris qu'il
s'était passé, en mon absence, un événement
grave : pour le général, le commandant Bibesco
avait passé au second plan. *Mon prince,* me
dit-il, *j'ai à vous faire une communication pénible ; on a conçu des soupçons à votre sujet
dans les bureaux de ma chancellerie ; et s'ils*

*venaient à être confirmés je me verrais forcé
de vous faire diriger sur une de nos forteresses
du Nord.* Le général fit une pause : il s'attendait sans doute à une protestation énergique,
mais son exorde m'avait jeté dans une si profonde stupeur que je restai muet, mes yeux rivés
sur les siens, dans l'attente.

Voyant que je me taisais, le général ajouta,
non sans une légère hésitation : *On vous soup-
çonne de faire partie d'une conspiration.* Du
coup, je retrouvai l'usage de la parole, et sans
réfléchir à quel point ce soupçon était puéril,
emporté par l'indignation, le visage empourpré,
je répondis sèchement au général que j'ignorais
ce qui me valait les soupçons de sa chancellerie ;
que ma conscience n'avait pas à en rechercher la
cause ; que, prisonnier, je connaissais les devoirs
que m'imposait ma liberté sur parole. Et je me
levai pour prendre congé. Mais le général était
déjà debout ; ma réponse, le ton dont je la fis,
avaient subitement modifié ses idées ; il vint à
moi, me prit la main, et me la serrant avec émotion il me dit : *Mon prince, cela suffit : on ne
vous soupçonnera plus devant moi.*

Cette attitude, ces paroles, me montraient
dans leur simplicité, le cœur du baron de
Wedell. Il avait compris qu'on s'était emballé

dans ses bureaux, qu'on lui avait fait commettre un impair, et moins désolé d'avoir été trompé que de m'avoir froissé, il m'offrait, sans hésiter, une réparation de galant homme : je pouvais être certain, en effet, qu'à l'avenir, il ne permettrait pas qu'on me soupçonnât. Je saluai le général et je me retirai.

Cependant, de cette entrevue aussi mouvementée que courte, je n'emportais aucun éclaircissement. Rentré à l'hôtel, assis devant ma table, fort intrigué, je méditai sur les conséquences qu'aurait pu avoir cette étrange aventure avec tout autre que le général de Wedell, avec son prédécesseur par exemple. Infailliblement, j'aurais été arrêté sans tambours ni trompettes, comme l'avait été, quelques jours auparavant, un infortuné lieutenant-colonel d'infanterie de marine épris de botanique, coupable d'avoir herborisé trop près d'un des camps français, et j'aurais été conduit dans quelque place forte pour y être gardé au secret, sous la prévention d'avoir trempé dans une conspiration... qui n'avait jamais existé.

J'en étais là de mes réflexions, quand on frappa à ma porte. *Entrez* : Un planton de l'état-major de la place s'avance, salue, et me tend un pli cacheté : il est du général de Wedell.

Je signe le reçu, et je le rends au planton qui disparaît.

Aussitôt, je romps fiévreusement le pli, je dévore des yeux le contenu, et, quelle n'est pas ma surprise, ma joie, j'ai entre les mains la clef du mystère ! Le général venait de me faire remettre la dépêche arrivée la veille à mon adresse, et qui avait mis toutes les têtes de sa chancellerie à l'envers. Je relis la dépêche, véritable énigme pour tout autre que pour moi, et en songeant à l'émotion qu'elle a dû faire naître, j'éprouve un accès de gaîté indicible.

En effet, ce petit bout de papier avait causé — nous le sûmes plus tard — un réel effarement parmi les employés de la chancellerie allemande. Le premier qui l'ouvrit se mit l'esprit à la torture pour lui trouver un sens, il n'y parvint pas ; les mots, *troubles, pallum, plans changés, grande-duchesse arrive,* l'hypnotisèrent ; il flaira quelque mystère, et à bout d'efforts, il porta le pli à son supérieur.

Celui-ci prit connaissance du contenu, n'y comprit goutte, mais ne voulant pas laisser mettre en doute sa perspicacité, il hocha la tête en homme entendu, et courut apprendre au commandant de la place qu'il était sur la trace d'un complot !

A cette nouvelle le général de Wedell sursaute,

cherche dans les dix-huit mots qui composent la dépêche la preuve du complot, déclare celle-ci incompréhensible, et donne l'ordre qu'on fasse prier le prince Bibesco de se rendre à la place.

Mais le commandant est absent, il faut attendre son retour, et pendant ce temps les langues d'aller leur train, et de faire si bonne besogne que, le lendemain, lorsque le commandant se présente chez le général, tout le monde sait qu'une dépêche révélant un complot contre la sûreté de l'Etat a été saisie, et qu'un des principaux conspirateurs, un officier français, vient d'être arrêté !

Nous avons vu comment, grâce au sang-froid du baron de Wedell, l'incident n'avait eu qu'une aube et qu'un crépuscule.

Eh bien, tout compte fait, l'émotion des employés allemands était parfaitement excusable; qu'on en juge par l'énigmatique dépêche en question :

Montreux. Novembre 1870.

Prince Commandant Bibesco, Coblence.

Troubles à Pallum. Plans changés. Grande-duchesse arrive. Tout bien. Valentin.

En voici l'explication. Au moment des troubles de Blois, la princesse de Chimay, que dans l'intimité nous appelions la grande-duchesse, — appellation que son exquise bonté autorisait, et dont la Princesse s'amusait, — s'était décidée, à la prière de sa fille la princesse Valentine, à quitter son château de Ménars et à se rendre à Pau, **le Pallum** d'autrefois. Mais, des troubles ayant éclaté à Pau, — **Troubles à Pallum** — la princesse dut modifier ses plans, — **Plans changés** — et se mettre en route pour la Suisse où sa fille l'attendait — **Grande-duchesse arrive.**

Quant aux deux mots de la fin : **Tout bien,** ils ne pouvaient avoir, pour ceux qui avaient rêvé de complot, qu'une signification, à savoir que tout marchait à souhait. Or le texte de la dépêche portait **Tous bien** et non **Tout bien,** et voulait simplement dire que tous étaient en bonne santé. Le changement de l's en *t,* en altérant le sens de la phrase, laissait le champ libre aux plus graves suppositions.

Ainsi tout avait conspiré à me faire passer pour un conspirateur ; oui tout, jusqu'à ma situation auprès du général Douay. N'étais-je pas son aide de camp, et lui-même n'était-il pas l'aide de camp de l'Empereur ? Par une coïncidence bizarre, ne me trouvais-je pas auprès de mon chef, le jour même où la dépêche de Montreux arrivait à Coblence ? Ce fait ne plaidait-il pas contre moi ? Ne semblait-il pas que je fusse allé à Bonn pour conspirer ?

Puis, le lieu d'envoi de la dépêche, Montreux, en Suisse, n'indiquait-il pas le choix voulu de ce pays neutre, plus commode pour ourdir une trame ? Enfin il n'était pas jusqu'au mot **Pallum** qui ne semblât, à lui seul, cacher tout un mystère. En effet, où prendre Pallum ?

Je rangeais la dépêche, escomptant l'effet qu'elle produirait sur le baron de Wedell, auquel je me réservais le plaisir de l'expliquer, quand le domestique l'annonça. Le commandant de place me rendait *ma visite* du matin avec un empressement tout courtois.

Je remerciai le général d'avoir bien voulu lever le voile du mystère, je l'invitai à s'asseoir et le priai d'écouter l'explication, que je tenais à lui donner, de la fameuse dépêche. Le général s'en défendit, se déclarant d'ores et déjà convaincu ; mais j'insistai, j'affirmai que je n'avais nulle intention d'apporter dans son esprit un supplément de conviction que je savais superflu, mais que je désirais, à propos du télégramme de Montreux, lui faire voir combien les apparences pouvaient aisément être prises pour des réalités.

Le général se rendit à mes instances ; il écouta avec attention la lecture de la dépêche qu'il connaissait, les explications auxquelles il était loin de s'attendre et qu'il interrompit une fois par cette exclamation, *brillant !* comme nous dirions, *admirable !* puis, quand j'eus terminé, il éclata de rire.

Telle fut la fin de cette singulière aventure, née dans un coup de vent de soupçon et de menace.

AUX CAMPS DES PRISONNIERS.

DEUX BONNES FORTUNES :

LE RÈGLEMENT DE LA SOLDE DE CAPTIVITÉ ; LA MISE EN
LIBERTÉ DES PRISONNIERS D'EHRENBREITSTEIN.

Nous étions en novembre, l'hiver s'annonçait rigoureux, et la petite vérole, qui avait éclaté dans les camps français et y exerçait ses ravages, avait jeté les prisonniers français dans un profond abattement.

Une situation aussi inquiétante nous traçait notre devoir : chercher à voir nos soldats, leur parler afin de relever leur moral. Or, pour atteindre ce but il fallait qu'un de nos généraux demandât à l'autorité allemande l'autorisation de se rendre dans les camps. L'un deux allait adresser une demande à cet effet au Général Commandant la place, lorsque le baron de Wedell, me fit offrir de l'accompagner dans une visite qu'il allait faire à nos prisonniers et mit un cheval à ma disposition.

Très courtoise, l'offre du général, mais combien délicate ma situation ! Je me vis défilant, à cheval, dans les rues de Coblence, entre le commandant de la place et son aide de camp, sous les yeux de mes camarades stupéfaits, et cette perspective n'était rien moins qu'encourageante. Je ne pouvais pourtant pas hésiter, ni même paraître hésiter. Et puis cela eût été vraiment coupable de laisser échapper l'occasion de voir nos soldats et nos malades, de nous rendre compte de leur état matériel et moral, de leur porter une parole de consolation.

J'acceptai donc, avec empressement, et priai l'officier d'ordonnance du général de lui transmettre mes remercîments.

Le sort en est jeté. A 2 heures, on peut me voir, chevauchant entre le commandant de la place et son aide de camp, tous deux en uniforme, et j'ai l'impression pénible de passer, aux yeux de ceux qui me voient, pour une personne de qualité, peut-être, à laquelle on fait les honneurs de la ville, mais pas du tout pour un officier prisonnier qui remplit un devoir. Oh ! pas fier, le commandant Bibesco ; d'autant moins fier que ce qu'il avait prévu arriva. Il rencontra des camarades qui parurent ne pas le reconnaître, d'autres dont le regard semblait lui crier : *pas possible ?* Et rien à leur répondre !

Enfin, nous sortons des portes de Coblence !... Une demi heure plus tard nous faisons halte, et nous mettons pied à terre : nous sommes dans le premier camp.

La visite commence par les barraques et se termine par l'infirmerie. La température y est suffisante, la propreté observée ; on sent qu'une direction humanitaire a présidé aux mesures d'hygiène.

Aux cuisines, on nous fait goûter la soupe, la viande, le pain, et nous devons reconnaître, qu'étant donné le nombre des prisonniers — 20,000 dans chaque camp — et celui des malades, il est difficile de faire beaucoup mieux.

Au moment de remonter à cheval, nous demandons au général s'il veut bien nous autoriser à parler aux sous-officiers et aux soldats et à leur faire une distribution de tabac. — *Avec le plus grand plaisir,* nous répond-il, et de s'écarter aussitôt avec ses officiers pour nous laisser seuls. Alors, le cercle formé, nous causons avec nos hommes, nous leur parlons leur langage, nous nous efforçons de leur communiquer l'endurance dont ils devront encore faire preuve jusqu'à l'heure de la délivrance. Laisser entrevoir à ces braves gens, dans un avenir prochain, le terme de nos misères communes ; leur dire toute la sollicitude dont ils sont l'objet de la part de leurs chefs, leur parler de la Patrie, du drapeau, de

leurs foyers où ils sont impatiemment atten-
dus, tels sont les tableaux sur lesquels nous ar-
rêtons leur pensée pour pénétrer plus sûrement
jusqu'à leur âme. N'ont-ils pas surtout besoin
d'être encouragés, d'être soutenus ? Aussi, quelle
joie de sentir que nos paroles portent, de voir
l'émotion dilater la poitrine de ces pauvres
éprouvés, l'apaisement se faire en eux et ramener l'espérance !

Quand nous les quittons, ils nous saluent par
le cri de *Vive notre commandant ! A bientôt,
notre commandant !* et les képis dans leurs
mains, ont comme un frémissement de joie
reconnaissante ! Le cœur me bat bien fort à ce
souvenir vieux déjà de 29 années !...

Le lendemain, visite à l'autre camp, dans les
mêmes conditions : mêmes constatations.

De retour de cette double inspection, nous
nous hâtons de rendre compte à nos chefs de
nos impressions et de mettre nos camarades au
courant de ce que nous avons vu. Ceux qui
nous avaient rencontré à cheval, en compagnie
des deux officiers allemands et qui n'avaient pu
s'expliquer cette *promenade à trois* furent les
premiers à nous tendre la main et à nous remercier.

Dans cette double visite faite en compagnie du baron de Wedell j'acquis la conviction que la plus grande part lui revenait dans les mesures prises à l'égard de nos malades et de nos soldats ; et cette constatation acheva de lui gagner mon estime et mes sympathies. Nos relations en devinrent plus intimes.

Le baron de Wedell dînant chaque jour à l'hôtel Bellevue, me fit d'abord quelques courtes visites ; puis peu à peu, se voyant accueilli avec plaisir, il prit l'habitude de devancer l'heure du repas, de monter chez moi et de causer de choses et d'autres en fumant un cigare. Son caractère loyal, ses manières affables, sa bonté naturelle dont je connaissais plusieurs traits, m'avaient amené à ne voir plus en lui que le gentilhomme préoccupé, dans l'exercice de ses délicates fonctions, de ménager les susceptibilités de mes camarades prisonniers et d'adoucir, dans la mesure du possible, les rigueurs de leur captivité. Aussi ne craignons-nous pas d'affirmer que tous ceux d'entre eux qui ont été en relations avec le baron de Wedell ont conservé à sa mémoire[1] un souvenir de profonde sympathie.

Bien que le baron ne parlât pas très correcte-

[1] Le général baron de Wedell est mort.

ment le français, jamais il ne lui arrivait, dans nos entretiens, même en discutant art militaire ou politique, d'employer une expression qui sonnât faux.

La cordialité de nos relations me valut, un jour la lettre suivante :

Mon Prince,

J'ai un grand service à vous demander, et vous pouvez me le rendre. Quand pourrai-je vous voir, l'affaire est urgente:

Le vôtre,

Général DE WEDELL.

J'allais sortir : je me dirigeai vers la Place et j'entrai chez le général. Il attendait ma réponse. Je m'informe aussitôt du sujet de ses préoccupations, et j'apprends que le gouvernement français a fait parvenir au gouvernement allemand par l'intermédiaire de l'Angleterre, les sommes nécessaires à la solde de captivité de ses soldats prisonniers en Allemagne, et que cette nouvelle, capitale pour nos officiers, a jeté le commandant de place dans une cruelle perplexité.

En effet, si le gouvernement de la province a reçu de Berlin les sommes destinées aux

officiers et soldats relevant de son commandement, sa chancellerie déjà débordée par le travail qui lui est imposé, ne possède aucun élé-
ment capable de la mettre en mesure de dresser
les états indispensables au règlement de la solde
de captivité. Dans ces conditions, et vu l'urgence,
le général s'était adressé à moi dans l'espoir
que je le débarrasserais de ce cauchemar.

Je saisis au vol la bonne fortune qui s'offrait
à moi de servir les intérêts des nôtres, tout en
étant agréable au baron de Wedell, persuadé
que j'assurais, du même coup, la mise en liberté
des prisonniers d'Ehrenbreitstein. Je mis seulement, à mon consentement, les conditions suivantes : mon ami le capitaine Darras qui m'était
indispensable, et que je savais désireux de me
rejoindre, serait transféré de Bonn à Coblence ;
j'aurais pleins pouvoirs pour pénétrer dans les
camps, pour y choisir parmi les sous-officiers des
différents corps ceux dont j'aurais besoin, pour les
réunir chaque matin au rapport, chez moi, leur
donner mes instructions — en dehors de tout con-
trôle, — et les y retenir, au besoin, pour travailler.

J'eus carte blanche. Je prévins Darras par
dépêche, un ordre du commandant de la place
lui fit connaître son changement de résidence, et
le surlendemain mon voyageur arrivait de Bonn

et prenait possession, à mon hôtel, d'une chambre voisine de la mienne. En même temps je recevais de la chancellerie de la place les pleins pouvoirs demandés.

Nous ne perdîmes pas une heure : le jour même Darras et moi nous nous rendions dans les deux camps ; nous exhibions nos pouvoirs, à la grande stupeur des officiers allemands ; nous réunissions les sous-officiers, leur donnions nos instructions, et rentrions tard, fatigués mais contents.

Il fallait se hâter ; la situation de nos officiers, dont quelques-uns avaient été rejoints par leur femme et leurs enfants était plus que précaire : les officiers supérieurs touchaient comme solde de captivité — que le gouvernement allemand était tenu de leur servir — 25 thalers, soit 93 francs par mois, les autres officiers 45 francs ; et cette somme devait suffire au loyer, à la nourriture, au chauffage et à l'entretien. C'était, pour beaucoup d'entre eux, plus que la gêne. Et par quel froid !

Avec un collaborateur tel que Darras, cette situation changea en moins de huit jours. Nos états en règle, nous fîmes appel au dévouement de trois officiers d'administration, pour constituer la commission de paiement dont le plus ancien, M. Fabre, prit la présidence. Nous installâmes la commission dans une chambre de l'hôtel louée à cet effet, nous encaissâmes les fonds dont nous pouvions disposer, et le troisième jour les officiers français prévenus par une note de la place, se présentaient devant la commission pour émarger.

Celle-ci siégeait chaque jour de 10 heures à midi et de 2 $\frac{1}{2}$ à 5 heures. Avant de se séparer elle dressait son procès-verbal, faisait sa caisse, nous remettait la somme restant avec les différentes pièces, nous enfermions le tout dans notre secrétaire, et le lendemain on recommençait.

On n'eut pas fait mieux ni plus promptement à l'Intendance de Paris, nous dit un jour le général Davoust, Duc d'Auerstädt[1], qui était venu nous serrer la main. J'ai plaisir à rappeler ce propos parce qu'il émanait d'un de nos officiers les plus estimés et que cet éloge allait de droit à ceux qui le méritaient : mon ami Darras et nos dévoués collaborateurs.

---

[1] Le général Duc d'Auerstädt, aujourd'hui grand chancelier de la Légion d'Honneur, est un de ceux qui se souviennent en dépit du temps. Quelques années plus tard, en effet, aux félicitations que nous lui adressions à l'occasion de sa nomination de chef du 10e corps d'armée, il nous répondait :

Merci, mon cher Prince, de vos aimables félicitations. J'y ai été d'autant plus sensible que personne n'a plus ap-

Le baron de Wedell étant mon obligé, il n'y avait plus lieu d'hésiter à lui adresser ma requête. En conséquence, j'abordai avec lui, sans plus tarder, la question des prisonniers enfermés à Ehrenbreitstein, et je fis valoir tous les arguments qui militaient en faveur de nos amis. Bref, je demandai, comme acte de justice, qu'ils fussent mis en liberté dans les mêmes conditions que celles qui nous étaient faites.

Le commandant de place ne parut pas surpris de ma demande ; il admit sans peine que traiter les autorités civiles françaises tombées entre les mains des Allemands avec une rigueur dont on n'usait pas à l'égard des officiers, n'avait aucune raison d'être et il me promit d'en référer, le jour même, au commandant de la province et d'insister auprès de lui pour la mise en liberté des braves gens injustement retenus dans la forteresse.

La réponse ne se fit pas attendre : vingt-quatre heures plus tard nous étions en mesure de nous présenter utilement chez l'officier com-

plaudi que moi à votre belle conduite à Sedan, et à tout le bien moral et matériel que vous avez fait à nos soldats prisonniers. Je me rappelle vous l'avoir dit alors, d'une voix émue ; j'en ai encore le cœur aussi chaudement reconnaissant, aujourd'hui.

A vous de tout dévouement   Auerstädt.

mandant la forteresse, lequel sur l'ordre du général commandant la place de Coblence *devait
laisser sortir avec le Prince Bibesco les personnes dont les noms figuraient sur un état à
part.*

Combien nous étions joyeux ! Pourtant notre
joie projetait une ombre : à la liste remise au
général un nom manquait, celui de Valentin.
Le préfet de Strasbourg était mal vu, il passait
pour un farouche, un dangereux, et au moment
de porter son nom sur la liste, nous fûmes arrêtés par la crainte qu'il ne provoquât un mouvement de mauvaise humeur de la part du général de Bittenfeld et que celui-ci ne la repoussât.
Une autre considération avait mis en éveil nos
scrupules : il ne nous paraissait pas démontré
que Valentin, tout à ses rancunes, consentirait
à suivre ses camarades. Pour ces raisons nous
nous décidâmes à séparer la cause de Valentin
de celle des autres prisonniers, certain que le
précédent créé pour ces derniers deviendrait un
argument sans réplique, à l'appui d'une nouvelle
démarche, et que Valentin après avoir bien mau-
dit ses geôliers se laisserait faire violence.

On peut se figurer par quels transports *nos
amis d'en haut,* comme nous les appelions,
accueillirent la nouvelle, et l'empressement

fiévreux qu'ils apportèrent à empiler dans une
malle le peu d'effets et de livres qu'ils possé-
daient, afin d'abandonner, un moment plus tôt,
leur sinistre demeure. Nous quittâmes Ehrenbreitstein, nous nous rendîmes à l'hôtel pour
reconnaître les chambres arrêtées d'avance, puis
nous prîmes ensemble le chemin de la Commandantur pour faire visite au commandant de la
place et le remercier. Cette formalité remplie,
nos camarades se retirèrent et je restai avec le
Général.

J'étais décidé à lui parler, sur l'heure, de Valentin. « Auriez-vous *quelqu'ennui* » interrogea le
baron de Wedell, surpris de mon silence. *Oui,
répondis-je : j'ai laissé à regret un prisonnier
à Ehrenbreitstein, le préfet de Strasbourg ; et
comme il ne me convient pas de feindre avec
vous, je vous dirai franchement que je l'ai fait
avec intention.* Etonnement du général, auquel
je me hâtai d'expliquer les raisons qui m'avaient
déterminé à agir ainsi, et je terminai ma plai-
doirie en lui représentant que Valentin était doux
dans le commerce de la vie comme la plupart des
hommes d'action, qu'il était un homme d'honneur, et que cela n'était pas juste de lui faire
expier, par une détention qui n'avait que trop
duré, un acte de courage et de patriotisme qui

l'honorait, et commandait l'estime, l'admiration de tous les gens de cœur.

D'ailleurs si le gouverneur craint que Valentin ne manque à sa parole et ne s'évade, je m'offre comme ôtage, ajoutai-je, je prendrai sa place. *Brillant,* s'écria le général, puis il me tendit la main, en me disant : *je retourne chez Bittenfeld, je tâcherai d'être éloquent ; bon courage.*

Ma soirée et ma nuit furent passablement agitées ; mais quel bon réveil !

A neuf heures, le baron de Wedell me faisait parvenir une lettre à mon adresse et un ordre pour le commandant de la forteresse. La lettre était ainsi conçue :

Coblence, 13 décembre.

Mon prince,

J'ai l'honneur de vous envoyer l'autorisation de voir M. Valentin demain ; et si votre affaire avec lui réussit [1] *je vous prie de donner*

---

[1] J'avais exprimé mes craintes au baron de Wedell sur la résistance que Valentin pourrait m'opposer, en dépit du désir que je lui soupçonnais de rejoindre ses amis.

cette pièce à *M. Wachtes* pour qu'il laisse entrer
M. Valentin dans la ville de Coblence.

Le vôtre.

Général DE WEDELL.

La pièce annexée à la lettre était l'ordre de
mise en liberté du préfet de Strasbourg.

Héler une voiture, y prendre place, jeter au
cocher le nom d'Ehrenbreitstein, et me voilà
roulant vers la sombre forteresse, trop lente-
ment au gré de mon impatience. Enfin j'arrive.
Pourvu que Valentin ne refuse pas la liberté
qu'on lui offre ; qu'un mouvement de mauvaise
humeur contre ses geôliers, ou un faux point
d'honneur le poussant à souffrir, quand même,
cet emprisonnement immérité, ne l'emporte
pas sur la soif de respirer à l'air libre, hors de
ces murs où il étouffe ?

Sur l'esplanade, le prisonnier faisait ses cent
pas. A ma vue il s'arrête, laisse échapper un
geste d'étonnement, et accourt joyeux. *Nos
amis,* lui dis-je, *m'ont prié de vous faire parvenir leur affectueux souvenir, en même temps
que leur sentiment de tristesse de ne pas vous
avoir au milieu d'eux, et me voilà.*

Ce n'est pas votre heure ?

C'est vrai, mais les pensées du cœur doivent être transmises toutes vibrantes ; je me suis hâté.

Valentin, silencieux, me serre la main : je le sens ému et colère. Nous reprenons sa promenade interrompue ; puis, au bout de quelques moments, rompant tout à coup le silence, j'aborde le sujet de sa détention, et je lui demande si, lorsque Strasbourg est tombé au pouvoir des Allemands, on ne lui a pas offert de le laisser libre sur parole ? *Qui ? Ces misérables !* s'écrie-t-il ; *mais ils m'ont enfermé au mépris des conventions qui ont réglé la capitulation de la place ! Ah ! vous ne les connaissez pas !*

Je suis fixé : la colère déborde de ce cœur meurtri, mais Valentin acceptera avec joie sa mise en liberté. Je lui réponds donc, simplement : *Mon ami, le général commandant à Coblence trouve que votre place n'est pas ici, que vous êtes injustement détenu dans cette forteresse. Voici l'ordre de vous laisser descendre en ville ; vous êtes libre, venez.* Et comme il me regarde, sans mot dire, la gorge serrée par la surprise et l'émotion, j'ajoute en souriant que je lui expliquerai, chemin faisant, pourquoi, dans un intérêt commun, le Préfet de Strasbourg a dû faire vingt-quatre heures de casemate de plus que ses camarades.

Valentin a compris : il me prend dans ses bras, et m'étreint silencieusement.

Quelques instants après, nous frappions à la porte du capitaine-commandant auquel je remettais l'ordre signé *von Wedell*.

Pendant que l'officier surpris lit et relit l'ordre de mise en liberté de Valentin, mes regards vont se reposer, discrètement, sur un gracieux tableau, placé au fond de la pièce, dans la pénombre. Il est formé par un jeune soldat, joli garçon et une jeune Gretchen blonde comme les blés et toute mignonne. Ces jeunes gens sont cousins ; le capitaine est le père de la fillette. La réserve que notre présence leur impose n'éteint pas la flamme de leurs yeux : ils s'aiment, cela se voit. Les bonnes langues prétendent que le jeune soldat s'est fait punir pour être envoyé à la forteresse où respire sa fiancée et que, vu la légèreté de sa faute, le capitaine a adouci la peine en gardant le coupable à vue. Sa fille lui répond du prisonnier.

Qui nous eût dit que l'espérance et l'amour palpitaient à Ehrenbreitstein, non loin du désespoir et de la haine ! Et pourquoi non ? L'existence n'est-elle pas faite de joies et de douleurs, de rires et de larmes !

La détention de Valentin avait duré près de deux mois.

Quand la capitulation de Paris sera un fait accompli, il rentrera en France, sera nommé préfet du Rhône, et apportera à Lyon, dans sa lutte contre la commune triomphante, les qualités de mâle énergie qui lui permettront de la vaincre.

ALBERT DURUY

EN ROUTE

POUR EHRENBREITSTEIN

A LA SUITE

D'UNE FAUSSE DÉNONCIATION

Bonn. Novembre 1870.

*Arriverai tantôt par express, motif grave, te
prie venir me chercher gare.*

Duruy.

Telle était la dépêche succinte que m'envoyait
Duruy (Albert) engagé volontaire au 1er régiment de tirailleurs indigènes, fait prisonnier à
la bataille de Sedan. Emmené en captivité à
Bonn, Duruy[1] avait dû à la renommée de son
père, le ministre de Napoléon III, d'être traité
comme les officiers, c'est-à-dire d'être laissé en
liberté sur parole.

D'ailleurs n'avait-il pas fait partie de cette
phalange héroïque qui, à Reichshoffen, avait
retardé la marche victorieuse des Allemands,
en appuyant[1] la charge des cuirassiers, et en
couvrant la retraite de Mac-Mahon ? N'était-ce
pas là un titre personnel à la mesure dont avait
été l'objet l'ex-normalien, l'ex-chef du cabinet

[1] Voir pages 191 et 192.

du Ministre de l'instruction publique, le lettré charmant qui se nommait Albert Duruy ?

A Sedan n'avait-il pas combattu avec acharnement jusqu'au moment où, le genou démis, il fut fait prisonnier sur le champ de bataille, loin de sa compagnie. Tel cet autre vaillant Paul Déroulède, engagé volontaire aux zouaves, poète depuis la guerre, sans avoir jamais cessé d'être *le soldat de la France,* qui voyant tomber son frère pendant la retraite de leur compagnie, se plaça résolument auprès de son blessé, et lui faisant un rempart de son corps, continua de faire feu sur l'ennemi jusqu'à ce qu'il fût pris et désarmé [1]!

---

[1] André, Paul et Mlle Jeanne Déroulede sont les enfants de la sœur d'Emile Augier et de Déroulède, l'avoué à la cour qui fut pendant longtemps à la tête de la première étude de Paris. La mort nous l'a pris en 1872. D'une intelligence supérieure, d'une sensibilité qu'il ne parvenait pas à cacher derrière une brusquerie apparente, voulue, cet homme au cœur d'or, au caractère chevaleresque, apportait un rare talent, un dévouement sans bornes dans la défense des causes qui lui étaient confiées.

Trois de ses amis doués des mêmes qualités de cœur et d'intelligence, Bosviel, avocat à la cour de cassation, Jules Nicolet, avocat à la cour — également enlevé à notre affection — et Denormandie (Ernest), avoué de première instance, formaient avec lui, au Palais, une élite. Denormandie, plus tard régent de la Banque de France, fit preuve, en 1870, en face de la Commune — comme aussi Rousse, bâtonnier de l'Ordre des avocats, que l'Académie française

Que pouvait-il bien être arrivé à Duruy dont la dépêche, en nous faisant savoir qu'il s'était passé un fait *grave,* nous laissait entendre que notre tirailleur y avait été mêlé? Nous allions l'apprendre.

Lorsque le train entra en gare, Darras et moi étions sur le quai; nous vîmes Duruy sauter du wagon et accourir vers nous.

Quelques instants après, une voiture dans laquelle nous avions pris place tous les trois, roulait vers l'hôtel du commandant de la place. Les quelques mots échangés, à la hâte, avec le voyageur, nous avaient fait penser que son sort allait dépendre du baron de Wedell; le récit qu'il nous fit de l'incident qui motivait sa présence à Coblence — pendant le trajet de la gare à la Commandantur — ne nous laissa aucun doute à ce sujet : c'était bien à cette porte qu'il fallait frapper.

Voici, en effet, ce qui s'était passé à Bonn. Le colonel de B. auquel il avait sans doute déplu de voir un simple soldat jouir des privilèges

---

s'honore de compter parmi ses membres — d'un sang-froid et d'un courage dignes d'être cités comme exemples.

Paul Déroulède et son frère André servirent après la paix contre la Commune. Paul eut un bras cassé à la prise d'une barricade.

accordés aux officiers, ayant rencontré Duruy sur la promenade de Bonn, l'avait abordé, s'était nommé, et lui avait reproché en termes malsonnants *de ne l'avoir pas salué.* Duruy lui ayant répondu *qu'il ne pouvait pas saluer un officier qu'il ne connaissait pas et qui n'était pas en uniforme,* ledit colonel riposta par une épithète blessante et continua son chemin.

Duruy exaspéré allait se jeter sur le héros de l'incident, lorsque, par bonheur, son lieutenant qui était avec lui le saisit à bras-le-corps et l'empêcha de commettre un acte de violence qui aurait pu avoir les plus graves conséquences.

Révolté, cependant, de la conduite du colonel, le lieutenant ne put retenir son indignation et la cria à ce dernier, en termes énergiques. Rentré chez lui, il rédigea une note sur la scène dont il venait d'être le témoin, et la remit à Duruy pour qu'il en fît tel usage qu'il jugerait convenable.

Le lendemain Duruy recevait l'ordre de se rendre à Coblence et de se présenter à la Place.

Or, pour que Duruy ait été dirigé sur Coblence, il fallait que l'incident eût fait l'objet d'une plainte adressée par le colonel de B. au commandant de la place de Bonn, et que celui-ci l'eût transmise immédiatement, accompagnée d'un rapport, au général de Wedell, en lui annonçant l'arrivée du prétendu *coupable*. Dans ces conditions, Coblence ne pouvait être qu'une courte étape sur la route conduisant à Ehrenbreitstein. Il importait donc, avant tout, de détruire l'effet que le rapport avait dû produire sur le commandant de la place, de prévenir, tout au moins, l'ordre d'écrou qui menaçait Duruy.

La voiture venait de s'arrêter.

Nous montons chez le général, décidé à le voir et à lui faire connaître la vérité. Il est souffrant, mais ayant égard à l'*urgence* de l'affaire, il nous reçoit. Nous lui exposons brièvement le but de notre visite, sans lui cacher l'émotion que nous cause l'arrivée de Duruy à Coblence où nous avons tout lieu de craindre qu'une plainte non fondée ne l'ait précédé; nous lui exprimons notre conviction que la bonne foi des autorités de Bonn a été surprise; nous lui remettons le témoignage écrit du lieutenant des tirailleurs indigènes, et nous portant garant de la loyauté de notre jeune protégé et ami [1], nous attendons la décision du général.

---

[1] Nous avions connu Albert Duruy quand il avait 4 ans, ayant eu la bonne fortune d'être élevé dans la maison de son père, et par l'éminent historien, devenu plus tard l'éminent ministre de l'Empire.

Où est le turco ? Nous demande-t-il.

Dans la chambre, à côté.

Le baron de Wedell donne l'ordre de faire entrer Duruy, et, s'adressant à lui :

Monsieur, le prince Bibesco m'a parlé de vous : je vous mets en prison..... à l'hôtel de Bellevue, sous sa garde. Me donnez-vous votre parole d'honneur que vous ne tenterez pas de vous évader ?

— Je m'engage sur l'honneur, mon général, et je vous remercie.

— C'est bien : donnez-moi la main.

Et ce fut tout.

Nous excuser auprès du baron d'avoir forcé sa porte, lui dire tout le plaisir qu'il venait de nous causer, prendre congé de lui et dégringoler avec Duruy les escaliers, jusqu'à la voiture où Darras anxieux nous attendait, fut l'affaire de quelques secondes. A l'hôtel !... La distance était courte ; bientôt Duruy se trouva occuper la chambre que la prévoyante madame Hoche avait fait préparer, à tout hasard, en face des nôtres.

Dès qu'Albert fut certain d'avoir échappé au coup de main tenté contre sa liberté, il en éprouva une satisfaction qui se manifesta, sur l'heure, par une fringale de bon augure. Toujours est-il que la joie de se mettre en paix avec son estomac ne l'empêcha pas de recommencer le récit de son aventure, dont il ne négligea, cette fois, aucun détail.

Puis, peu à peu, au fil de l'heure, notre causerie vient à dévier; notre pensée se reporte vers la France à la défense de laquelle nous souffrons de ne pouvoir courir; nous pensons à nos chers absents, à nos vieux amis, engagés de droite et de gauche dans la mêlée; aux Brongniart, aux Lecœur, aux Valencienne, à Edouard Hervé [1], à Fery d'Esclands et à Franchetti, qui commandent chacun une compagnie

---

[1] Edouard Hervé est mort le mercredi 4 janvier de cette année. La fin prématurée de cet homme de bien, universellement aimé, estimé et admiré, a causé une émotion profonde.

Hervé alliait la courtoisie d'un autre âge au savoir le plus étendu. Vice-président du Comité du Syndicat de la Presse parisienne, il sut en défendre les intérêts avec une indépendance et une dignité qui étaient les apanages de sa nature chevaleresque.

Son courage fut toujours à la hauteur de son patriotisme. Après avoir combattu, dans Paris assiégé, contre les ennemis du dehors, il y combattit, après le siège, les actes de la Commune, dans des articles pleins d'audace, sans se laisser intimider par le mandat d'arrêt lancé contre lui.

L'Académie française et l'Institut perdent en lui un écrivain de race et un savant; la Religion perd un Croyant, le

d'éclaireurs et dont le siège de Paris devait mettre en relief le dévouement à la France ; mériter au premier la croix, assurer au second avec des regrets unanimes, une place dans le livre d'or des héros morts pour la patrie.

Et celui que nous appelions au collège le père Duruy, qu'était-il devenu ? nous le sûmes plus tard : l'historien avait déposé la plume, le Français avait pris le fusil et avait monté la garde aux remparts de la grande cité assiégée.

En parlant du cher maître avec son fils, je me complais à remonter le cours de sa carrière toute de labeur, semée de difficultés à l'aube de sa jeunesse, féconde et déjà glorieuse à l'époque de son professorat, pleine d'éclat pendant que, Ministre de l'Empereur, il consacra six années de sa vie à la réalisation, dans l'instruction publique, de réformes qui seront l'éternel honneur de son Ministère.

Je rappelle à Albert comment son père apprit

Pays un homme politique doué de qualités qui eussent fait de Hervé au pouvoir, un homme d'Etat. Mais les gouvernants ont préféré le tenir à l'écart ; et, amertume suprême, cet homme d'élite s'est éteint, sans avoir recueilli les fruits d'un labeur et d'efforts incessants, qu'en d'autres circonstances son caractère, sa haute intelligence et ses vertus lui eussent assurés.

De tels hommes sont l'honneur de leur temps.

sa nomination de Ministre, étant en inspection générale, et par quel concours de circonstances il était devenu, sans le chercher, *persona grata,* auprès de Napoléon III. Je lui raconte qu'il avait dû d'être nommé inspecteur général — fonction pour laquelle depuis longtemps ses travaux l'avaient désigné, mais dont on l'avait tenu écarté à cause de ses opinions politiques — à un remarquable travail sur *les princes italiens.* La question était d'actualité. Elle fut traitée avec éloquence par le jeune professeur ; son travail plut à l'Empereur, et il eut la bonne fortune de paraître, à point nommé, pour servir la politique de Napoléon. La publication qui en fut faite en 1860 assura à son auteur l'estime et la sympathie du Souverain.

L'Empereur nomma Victor Duruy inspecteur général en 1862 ; et faisant cas de l'indépendance de caractère et d'idées qu'il lui connaissait, estimant qu'il lui serait précieux pour son ouvrage sur la vie de César, il lui demanda sa collaboration. L'année suivante, Duruy devenait Ministre.

Je remontai ainsi aux années de collège — années d'une douceur inappréciable, et inappréciée par le collégien, dont les plus gros soucis ont généralement pour cause une composition ratée ou un bal manqué — et je me revis dans le quartier latin, chez l'excellent professeur Duruy, entre lui et sa charmante femme, en compagnie de mon ami Franchetti, et de Jules Bégé notre sympathique grand ancien qui achevait ses études et nous imposait par sa taille : elle mesurait six pieds.

C'est à cette époque que se place un épisode intéressant de la carrière de Victor Duruy : il a trait au Doctorat ès lettres que le jeune professeur au lycée Saint-Louis se décida à passer en 1852.

Journée inoubliable ! La salle de la Sorbonne où le candidat était appelé à soutenir ses thèses, offrait un spectacle inaccoutumé. Les professeurs, collègues de l'historien déjà en vogue, ses amis, ses anciens élèves, les élèves de l'école normale où il avait été suppléant de Michelet [1], de hautes personnalités parisiennes étaient venus pour assister à cet examen de doctorat, comme à un régal littéraire. Ni les uns ni les autres ne pressentaient les incidents qui allaient se produire. Le jury présidé par M. Victor Le Clerc doyen de la faculté ès lettres se composait de Messieurs Hase, Garnier et...

[1] Pendant les années 1836 et 1837.

Bien que ces deux derniers ne fussent pas encore arrivés, le président ouvrit la séance.

Quelle ne fut pas la surprise générale, quand on constata dans l'attitude de M. Le Clerc, dans sa manière de poser les questions au candidat, une pointe de froideur. Quel pouvait en être le motif ? L'honorable président tenait-il rigueur à Duruy de ses idées politiques, de ses opinions en matière d'histoire ? A supposer que cela fût, n'avait-on pas lieu de s'en étonner, étant donné l'homme distingué d'esprit qu'était M. Le Clerc ?

Toujours est-il que le candidat ne parut pas s'en apercevoir ; il répondit avec bonne humeur et haute compétence aux questions qui lui furent posées, sur sa thèse française — *Etat du monde romain vers le temps de la fondation de l'Empire* — sur sa thèse latine — *De Tiberio imperatore* —; et déjà le public constatait, non sans plaisir, que l'heure était venue pour M. Le Clerc, de céder la place à un autre examinateur, quand subitement, sans transition aucune, on entendit le président adresser au candidat le reproche de *n'avoir pas suffisamment soigné le style de sa thèse latine.* C'était la flèche du doyen !

Mon latin, je vous l'abandonne, Monsieur le président, répondit modestement le candidat, tout en laissant entendre que s'il abandonnait la forme il demeurait fidèle à ses idées — la partie essentielle — et qu'il était prêt à les défendre.

Mais, vous n'avez pas le droit d'abandonner le latin, reprit sèchement M. Le Clerc; le latin fait partie de la thèse.

Victor Duruy ne broncha pas, mais dans la salle des chuchotements significatifs durent faire comprendre à l'examinateur que sa critique sans utilité comme sans bienveillance, s'adressant à un professeur de l'âge et du talent de Victor Duruy avait fait une pénible impression.

Sur ces entrefaites — le son de la voix de M. Le Clerc venait à peine de s'éteindre — que Messieurs Hase et Garnier entrèrent dans la salle.

C'est M. Hase qui le premier s'empare du candidat.

Ici changement de scène : M. Hase qui ignore ce qui s'est passé, complimente Victor Duruy sur ses *excellents* travaux, sur l'*envergure de ses idées,* sur ses thèses, et il entre avec lui dans une discussion du plus haut intérêt.

M. le doyen qui assiste à ce tournoi littéraire transporté dans une atmosphère d'exquise courtoisie, où le talent du candidat

trouve à se produire avec éclat, ne goûte pas
les éloges de son confrère et s'agite sur son fau-
teuil, visiblement mécontent. Le public enthou-
siasmé est tout oreilles. Enfin, à bout de patience,
impuissant à se contenir davantage : *Avez-
vous bientôt terminé, M. Hase?* interroge le
doyen en s'adressant à son confrère, d'un ton
qu'il cherche à rendre indifférent. Dans la salle
c'est une stupeur ; mais M. Hase qui est loin de
soupçonner la raison de cette intervention, répond tranquillement et d'un air distrait : *oui,
monsieur le Président, tout à l'heure,* et de
continuer de plus belle...

Mais voici le tour de M. Garnier. Comme
son prédécesseur, le savant philosophe se mon-
tre charmant pour V. Duruy ; ayant comme lui
approfondi l'histoire des Romains, il aborde
avec le jeune historien la discussion de certains
points de cette histoire différemment appréciés
par les écrivains, il les discute, les creuse, et
il s'étend, avec une satisfaction marquée, sur
le règne de Tibère, sur le caractère de ce prince
au sujet duquel il se trouve en parfait accord
d'idées avec le candidat. Bref, pas plus que
M. Hase, M. Garnier ne marchande à Victor
Duruy ses félicitations.

La séance est levée. La joie est peinte sur

tous les visages. Quelle journéc, en effet; on
était venu pour entendre un candidat soutenir
brillamment ses thèses, et non seulement on
avait goûté le plaisir qu'on était venu chercher,
mais on avait encore assisté à deux scènes hors
programme et d'une saveur d'autant plus délicate qu'elles n'avaient pas été préparées.

Le ménage de Victor Duruy comptait déjà,
à cette époque, trois enfants dont Albert le
prisonnier confié à ma garde. Il habitait une
modeste maison dans la *rue des Poules,* qui
donnait dans la *rue du Puits-qui-parle,* laquelle
débouchait dans la *rue du Cœur volant,* dont
l'extrémité aboutissait à la *rue des Postes!*
Noms bizarres, pleins d'une douce résonnance
pour nos oreilles d'enfants; rues perdues dans
le quartier du Panthéon, où l'intarissable ga-
zouillis des oiseaux remplaçait, alors, le bruit
des voitures.

Pour un laborieux quelle retraite que ce nid
du n° 1 de la rue des Poules! Rien de plus ori-
ginal que l'enchevêtrement des chambrettes de
cette riante habitation, bâtie au caprice du hasard, composée d'un long rez-de-chaussée sur-
monté, à une de ses extrémités, d'un petit en-
tre-sol, d'où quelques marches donnaient accès

dans une grande chambre : le cabinet de travail du maître.

Et quel pittoresque dans ce petit jardin, fleuri à ravir, qui s'épanouissait devant la maisonnette et dont les allées convergeaient vers quelques grands arbres dont l'ombrage protecteur favorisait nos exercices gymnastiques.

Il ne fallut rien moins que l'insurrection de 1848, l'apparition des insurgés dans ces rues tranquilles qu'ils traversaient, les mains noires de poudre, pour se rendre aux barricades, telle la barricade de Fontainebleau où fut commis l'assassinat du général Bréa [1] — crime auquel notre ami A. Mézières, aide de camp du général, échappa miraculeusement —; que le sourd grondement du canon mêlé au crépitement de la fusillade, le *sentinelle prenez garde à vous*, que les factionnaires se renvoyaient les uns aux autres dans le silence de la nuit, pour rompre le charme de ces habitations blotties sous de lourdes grappes de glycine, vers lesquelles montait, comme un encens, le parfum des roses et des giroflées.

[1] Voir le récit de ce drame par A. Mézières de l'Académie française, pages 193-204.

Combien tout cela était loin ! L'enfant de
4 ans était devenu un homme ; brillant lettré,
vaillant soldat, il était là, prisonnier.

VISITE INATTENDUE

UN POURVOYEUR DE PASSE-PORTS

Le fait d'avoir choisi pour résidence la place de Coblence devint pour moi la source de consolations qui se fondirent toutes dans la joie inexprimable de pouvoir être utile.

C'est là que je reçus la dépêche de Montreux, à laquelle je dus de connaître le général baron de Wedell; c'est là que m'échut la bonne fortune de visiter dans leurs camps, les prisonniers français, de ranimer leur courage, de les quitter en communion parfaite avec mes propres sentiments de résignation et mes vœux pour la patrie absente; là que furent réglées les questions relatives aux prisonniers d'Ehrenbreitstein et à la solde de captivité.

C'est là, aussi, que j'appris à bien connaître le général Doutrelaine, commandant le génie du 7ᵉ corps, officier remarquable, homme charmant dans le commerce de la vie. Je vois encore sa haute taille se détacher sur le plateau d'Illy, au sommet et à droite de la crête où il se tenait

en jalonneur, superbe de sang-froid au milieu
de la mitraille qui fouillait les rangs de nos
soldats.

C'est là que je me liai avec le commandant
Beziat, son chef d'état-major, aujourd'hui général de division ; Beziat, entre la modestie et
la bravoure duquel il eut été difficile de choisir,
qui me succéda plus tard dans la tâche du règlement de la solde de captivité et la conduisit à
bonne fin, jusqu'à son départ de Coblence, avec
son dévouement habituel à toute cause qu'il em-
brassait.

Enfin, c'est à Coblence que Galliffet et moi
nous reprîmes nos vieilles relations du Mexique. Depuis le jour où, au siège de Puebla, à
la prise d'une barricade, un éclat de grenade
lui avait labouré le ventre, et que, se croyant
perdu, il avait tracé sur mon calepin quelques
mots à l'adresse de la marquise de Galliffet,
nous n'avions plus échangé avec Galliffet que
deux poignées de main : un soir, à un bal des
Tuileries, en 1865, et la veille de Sedan.

Ce jour-là il passait au milieu de nos rangs avec
le général Margueritte et les chasseurs d'Afrique.
A son képi brillaient déjà les deux étoiles qu'il
faisait baptiser, le lendemain, au son des balles
et des obus ennemis, le sabre au clair, tandis que

Margueritte qui avait arboré sa troisième étoile,
pour en jouir l'espace de 48 heures, allait voir
s'ouvrir dans la même journée, à la même heure,
la tombe qui devait le recevoir avec son glorieux
passé.

Galliffet était à Ems, quand, un jour, il m'a-
dressa quelques lignes pour m'annoncer son
arrivée et son désir de faire visite au général de Wedell. Que s'était-il donc passé qui
rendit cette visite nécessaire ? Un incident.
Galliffet, en causant de la guerre avec ses camarades, internés comme lui dans la ville d'eau
du duché de Nassau, avait exprimé son admiration pour le comte de Moltke en des termes
que des officiers allemands avaient recueillis,
et dont ils s'étaient sentis blessés. D'où, rapport
au général commandant la place de Coblence,
suivi de l'arrivée de Galliffet et de sa visite au
baron de Wedell qui fut ravi de faire la connaissance du marquis et on ne peut plus satisfait
de ses explications.

Personnellement, dans cette aventure je trou-
vai mon compte : Galliffet se fixa pour quelque temps à Coblence. Le soir, il arrivait, un
livre à petite serrure sous le bras, et s'asseyait
à ma table. Nous causions longtemps ; devant
la verve et les récits intéressants de mon com-

pagnon, l'heure fuyait rapide ; puis il ouvrait son cahier, il y fixait ses souvenirs pendant que de mon côté je laissais courir ma plume sur le papier. L'heure venue, je la déposais, Galliffet fermait son livre, faisait tourner une minuscule clef dans la petite serrure et gagnait sa chambre, son précieux recueil sous le bras.

Souvenirs lointains, toujours vivants au fond de notre mémoire, toujours vibrants dans notre cœur, en dépit de la marche du temps, du quart de siècle chargé de quatre années qui pèsent sur eux !

Pendant ma captivité, je reçus la visite de mon bien regretté père, puis celle de plusieurs amis, entr'autres celle de B.-C. Fauconnier[1], l'ancien maître de chapelle du prince de Chimay, compositeur éminent, dont toutes les œuvres sont empreintes d'une exquise mélodie, et gardent le caractère de la plus parfaite distinction.

M. Fauconnier, qui n'avait pas sous la main l'instrument nécessaire pour me charmer par des accents dont il avait le secret, surveillait avec un soin jaloux les personnes qui entraient chez moi, et particulièrement un professeur alle-

---

[1] Benoist-Constans Fauconnier est mort en 1898.

mand avec lequel je travaillais de temps à autre, et qu'il ne pouvait pas sentir. Fauconnier voyait partout des *espions ;* mais il n'avait pas inventé le *pourvoyeur de passe-ports.* J'eus pourtant aussi la visite de cet industriel d'un genre nouveau.

Un après-midi, il était une heure, la soupe fumait sur la table et nous nous préparions, Beziat, Darras et moi, à faire honneur au déjeuner, quand on me prévint qu'un Monsieur, qui *ne voulait pas dire son nom* mais qui *insistait pour me voir,* attendait à la porte que je voulusse bien le recevoir. Le moment était vraiment mal choisi, et la déception de mes deux camarades aussi éloquente que mon ennui était grand. Mais, ne valait-il pas mieux se débarrasser rapidement de l'importun après l'avoir entendu ? Je le fis entrer.

Taille moyenne, ni maigre ni gras, ni vieux ni jeune, cheveux ordinaires, visage ordinaire, bref, le type du signalement d'un permis de chasse, avec ce signe distinctif, emprunté à la circonstance, une gêne manifeste provenant de la présence de mes camarades.

Ces messieurs sont des officiers, lui dis-je, *vous pouvez parler.*

A ces mots, le nouveau venu prend confiance, il nous confie, avec un air de mystère, qu'il s'adresse à nous à cause du crédit qu'il nous sait avoir, prétend-il, auprès de nos camarades ; il nous parle des malheurs de la France, de l'impérieux besoin qu'elle a d'officiers, de l'utilité qu'il y aurait à aider ceux qui sont prisonniers à repasser la frontière... A ce point de son discours, devinant où il tendait, nous l'interrompons brusquement en lui demandant *s'il nous apporte la bonne nouvelle d'un échange de prisonniers ?* La question le trouble, il s'arrête un moment, nous regarde, hésite, et nous dit : qu'il peut *fournir des passe-ports.*

Nous sommes fixés sur les intentions de notre visiteur ; il ne tarde pas à l'être sur les nôtres. En quelques mots nous lui faisons comprendre qu'il fait fausse route et qu'il ne se rend pas compte, de ce fait, qu'un officier, *prisonnier sur parole,* manquerait à l'honneur s'il tentait de s'évader.

Nous lui faisons observer qu'il s'est beaucoup exposé en venant nous trouver, étant donné que la police de Coblence est remarquablement faite ; que l'hôtel, en particulier, est l'objet d'une surveillance constante ; qu'à l'heure même où nous causons il n'est pas impossible qu'il ait été découvert ; qu'il peut d'un moment à l'autre être l'objet d'un mandat d'arrêt, et nous lui conseillons de quitter, en hâte, la ville. *Vous avez une heure avant le départ du train,* lui disons-nous en regardant la pendule, *c'est juste le temps de vous rendre à la gare.*

La foudre tombant aux pieds de ce malheureux ne l'aurait sans doute pas plus impressionné; il pâlit, balbutie un merci, pivote sur ses talons et disparaît comme s'il sentait à ses trousses tous les agents de la Commandantur!

Utile leçon, dit Beziat, *cet homme aurait pu avoir, sur quelque esprit faible, une dangereuse influence. Par bonheur il va prendre le train.*

Et sur cette observation consolante nous nous mettons à table, pendant que le train emporte notre homme et ses passe-ports.

Les mois succédaient aux mois, les lettres
que j'adressais à Gambetta, en le priant de me
faire échanger, restaient sans réponse, et je
commençais à craindre de ne rentrer en France,
que la paix conclue.

Puissé-je du moins ne pas revenir, sans mon
brave Sanglier. Séparé brusquement de lui à
Vigneules, j'étais depuis plusieurs mois sans
nouvelles. Sanglier avait-il été réquisitionné ;
le maire Dardar de la Marche avait-il été obligé
de le livrer ; avait-il couru de nouveaux dangers ; était-il vivant ? Autant de questions que
je résolus d'éclaircir.

L'occasion ne se fit pas attendre : un pas
cadencé dans le corridor, un temps d'arrêt devant la chambre d'Albert Duruy, aussitôt suivi
d'un, *bonjour turco* sonore, puis le heurt d'un
doigt contre ma porte m'annoncent le général
de Wedell. C'est la préface invariable de notre
causerie d'avant le déjeuner.

Vous ne me demandez jamais rien pour vous, mon prince, me dit le baron, en allumant un cigare ; je serais, cependant, heureux de vous être agréable. — Ma foi, général, j'ai bien envie de profiter de vos bonnes dispositions.

Dites, dites, je vous en prie.

Eh bien voilà. J'ai un compagnon dont j'ai été séparé au début de ma captivité ; il m'a porté au Mexique et à Sedan, dans les circonstances les plus périlleuses de ma vie ; je lui suis profondément attaché ; je souhaiterais ardemment connaître le sort qui lui a été réservé et le faire venir à Coblence, si je le retrouvais.

Quel est le nom de ce fidèle compagnon et où pensez-vous qu'il soit ?

Mon cheval se nomme Sanglier, et j'espère qu'il est encore à Vigneules.

Sanglier ? drôle de nom, dit en riant le général.

J'en conviens, mais il s'explique par les circonstances dans lesquelles il a été donné au cheval ; et je racontai au général qu'au début de la guerre du Mexique, pendant que l'amiral Jurien de la Gravière faisait route vers la Vera-Cruz, avec la première colonne expéditionnaire, en novembre 1861, précédant de trois mois le général de Lorencez et son état-major, le fidèle compagnon de mes campagnes — il appartenait alors à l'amiral — fut odieusement épilé par les matelots. Possesseur d'une crinière et d'une queue incomparables, il avait été dépouillé par eux de ses richesses. Les matelots, habiles à faire avec le crin de cheval une foule d'objets pour leur usage propre autant que pour le commerce, s'étaient appropriés la queue et la crinière du noble animal, en la lui arrachant crin par crin, avec art et patience, mais sans respect aucun pour le rang que le cheval de l'amiral occupait parmi les chevaux embarqués.

Ce n'est qu'à terre que le rapt fut constaté. Il avait été si magistralement exécuté que, tout en maugréant, l'on ne put s'empêcher de rire de l'état lamentable auquel avaient été réduites une queue et une crinière qui, deux mois auparavant, faisaient encore l'admiration générale.

Capitan, le chef d'Etat-Major de l'amiral, auquel ce dernier destinait, dès Alger, son bel arabe, devenu le bel épilé, n'hésita pas à lui faire couper ras queue et crinière; et comme la crinière ainsi tondue ressemblait à la brosse d'un sanglier, il donna à son cheval le nom de ce pachyderme. Mais à part cet accident, notre arabe n'eut jamais d'autre ressemblance avec le porc sauvage, sinon le mépris du danger.

J'achevai mon récit en faisant connaître au général que j'avais eu la douleur de perdre mon ami Capitan au siège de Puebla en 1863, que j'avais hérité de son cheval qui, rentré avec moi du Mexique en 1865, avait repris du service en 1870, en même temps que son maître, pour ne plus quitter celui-ci qu'à Vigneules.

Intéressé par mon récit, le général de Wedell me fit remettre, le jour même, un ordre de route au nom de l'ordonnance de Darras, et ledit ordonnance fut chargé d'aller à la recherche de la toison d'argent de Sanglier.

La crinière et la queue de mon cheval avaient repris, depuis 1862, leur splendeur première, en même temps que la nuance de sa robe — gris pommelé — avait changé : l'âge en passant, avait secoué sur elle ses paillettes d'argent.

Ce ne fut pas un voyage d'agrément, pour le brave garçon envoyé à Vigneules, que de se rendre dans cette localité et d'en revenir ! La neige encombrait les chemins, les voies de communication étaient obstruées, et le froid était intense. Dix, puis douze jours s'écoulèrent dans une attente pleine d'impatience.

Un jour pourtant — le mois de janvier 1871 touchait à sa fin — un cheval et un cavalier

SANGLIER

firent leur entrée dans l'hôtel Bellevue, par un soleil radieux. C'étaient Sanglier et l'ordonnance de Darras.

Mettre le cheval à l'écurie prête à recevoir son nouvel hôte, le bouchonner, le faire boire, lui donner son avoine, furent les soins que le cavalier, en homme avisé, prodigua à sa monture avant de s'annoncer. Quand je vis celui-ci dans l'embrasure de la porte et que j'entendis ces mots : « mon commandant nous sommes arrivés, » je jetai ma plume, je félicitai le brave garçon, et ne fis qu'un bond de joie jusqu'à l'écurie.

A l'entrée je m'arrête; et ne voyant devant moi qu'un énorme ours blanc, je me prends à douter que ce soit là Sanglier? L'animal, la tête perdue dans sa mangeoire, faisait honneur à sa ration. Alors je me souviens du temps où, à l'appel de son nom, Sanglier, par un brillant tête à queue plantait là, — quand il ne l'asseyait pas un peu durement — *Boule de Neige* mon ordonnance, ainsi appelé gouailleusement par les zouaves, parce qu'il était nègre, et je prononce le nom de *Sanglier !* A ma voix l'animal dresse les oreilles et s'arrête de manger. Je répète : *Sanglier !* Alors l'intelligente bête relève la tête et la tourne de mon côté : plus de doute, c'est Sanglier.

Me voilà auprès de lui, sa bonne tête dans mes mains qui la caressent.... Mais, dans quel état, bon Dieu ! son poil avait poussé à poils que veux-tu ; sur l'œil gauche il portait la marque d'un terrible horion, et une de ses jambes de devant avait été gratifiée d'un coup de pied de cheval ou d'un maître coup de bâton. Bah ! affaire de soins et affaire de temps ; la question principale n'était-elle pas d'être rentré en possession de mon vieux serviteur ? Et, le menton dans la main, le coude sur la mangeoire, regardant le cher voyageur qui était retourné à sa ration mais ne me quittait pas des yeux, je me laissai glisser insensiblement sur la pente des souvenirs qui m'assaillaient et m'entraînèrent vers des années plus riantes, vécues celles-là au Mexique, dans une phase ininterrompue de marches, de combats, de sièges.....

Dans le cadre pittoresque fait à la ville de Cordova — blottie au milieu d'une végétation luxuriante — de la route que nous suivons et qui est plutôt une allée de grand parc, avec des échappées sur des jardins de bananiers aux régimes dorés, d'ananas odorants, de caféiers aux baies rouges, je vois apparaître Capitan monté sur Sanglier. Quelle noblesse dans les allures de ce cheval : il est digne du cavalier.....

Là-bas, dans la descente de la Barranca Metella, ce sont encore eux qui passent au galop de charge, suivis de deux pelotons de chasseurs d'Afrique ; la colonne aborde un escadron de lanciers mexicains et le sabre.

..... Autre vision : c'est devant les remparts de Guadalupe que se détache la silhouette de Sanglier portant Capitan ; devant ces remparts, théâtre d'actes sublimes d'héroïsme[1], sur le parapet desquels Roblet a planté le fanion du 1er bataillon de chasseurs à pied, et dont les fossés vont servir de tombe à tant de héros !... La nuit est descendue sur le champ de bataille ; les survivants des colonnes d'attaque sont au camp ; le silence plane autour de Guadalupe ; seules quelques ombres — fantômes silencieux paraissant chercher les camarades tombés dans la mêlée — se rapprochent puis s'éloignent du fort. Tout à coup, la lune se dégageant des nuages, d'un long rayon d'argent raye l'obscurité de la nuit et met en relief Capitan et son coursier, qu'accompagnent un lieutenant d'Etat-major, deux chasseurs d'Afrique et deux trompettes.

[1] *Retraite des six mille* par le Prince G. Bibesco. Plon, Editeur.

C'est une reconnaissance. En cet instant un hennissement prolongé s'échappe du milieu du groupe et d'écho en écho monte jusque dans Guadalupe où il jette l'alarme. C'est Sanglier qui a henni.

Puis ce sont les tableaux du second siège : la prise de Puebla, de Téocaltiche où Sanglier sauva la vie à son cavalier en franchissant, à point nommé, un large fossé, la marche sur Colima et le retour, qui défilent devant moi au cours de ma rêverie, en me rappelant les qualités de résistance, de vitesse, de vaillance déployées par mon compagnon au milieu de ses étapes laborieuses, souvent couronnées de gloire!... Mes souvenirs me grisent ; j'ai comme l'illusion d'entendre sonner la charge et de me sentir emporté par Sanglier à travers la mitraille..... en même temps que ces vers du poëte, qu'on croirait inspirés par mon vieux coursier, chantent à mon oreille :

Dès qu'a sonné l'airain, dès que le fer a lui
Il s'éveille, il s'anime, et redressant la tête
Provoque la mêlée, insulte la tempête.
. . . .
On charge, il dit : « Allons ! » Se courrouce et s'élance ;
Il brave le mousquet, il affronte la lance ! [1]

[1] Delille. *Les trois règnes :* chant VIII.

. . . .

..... Cependant, tout est silence autour de moi ; je suis toujours appuyé contre la mangeoire, l'ami que je viens de retrouver continue de broyer son avoine, et son regard semble me dire : *c'est bien moi, maître, moi Sanglier.*

ÉCHANGE DE PRISONNIERS

DEUX HEUREUX

Darras, Duruy et moi, réunis à l'hôtel Bellevue, avions mis en commun, depuis l'organisation de notre vie à trois, les angoisses que
faisaient naître en nous les nouvelles arrivant
du théâtre de la guerre, ainsi que les espérances aussitôt évanouies que conçues!

Une heure vint, qui nous sépara.

Le général de Wedell en fut la cause : voici
la communication que je reçus de lui :

Janvier 1871.

Mon cher Prince,

*Notre grand quartier général nous prescrit
d'échanger deux officiers français contre deux
officiers allemands.*

*Je regrette de ne pas pouvoir vous dire que
vous êtes libre, nous n'échangeons pas d'officier supérieur ; mais je vous laisse le plaisir
de désigner parmi vos camarades, les deux offi-*

ciers qui devront quitter Coblence aujourd'hui.
avec le train de 2 heures.

Le vôtre,
de Wedell.

Mon choix fut vite fait. Bien qu'il m'en coûtât de me séparer de mes deux amis, Darras et Duruy n'en devaient pas moins être les deux heureux que le train emporterait vers la France. Je fis savoir au général, combien son attention délicate m'avait touché, et je lui donnai les noms de mes deux compagnons.

La réponse expédiée à son adresse, j'entrai chez Duruy où se trouvait Darras. Tous deux lisaient leur courrier, absorbés dans leurs pensées... *Faites votre valise,* leur dis-je, *vous partez pour la France.* A ces mots tombés sans préparation au milieu du silence, ni l'un ni l'autre ne bougea; mais tous les deux dardèrent sur moi un regard éloquent. — Est-ce une plaisanterie, interrogeait ce regard ? *Rien n'est plus sérieux,* ajoutai-je, à *2 heures il faut que vous soyez à la gare. On vous échange, vous partez pour la France.*

Quand un bonheur inespéré vient à nous échoir inopinément, nous demeurons quelque temps suffoqué par la joie, incapable d'articuler un son. Mes amis subirent cette douce

loi. Tombant du rêve longtemps caressé —
retourner en France, ceindre de nouveau l'épée
pour la lutte — dans la réalité, ils demeu-
rèrent muets, saisis par l'horizon inattendu qui
s'ouvrait brusquement devant eux. Mais la première émotion passée, ce fut une explosion de
joie touchant au délire. J'en jouissais délicieu-
sement, quand tout à coup redevenus soucieux :
et vous, et toi, interrogèrent-ils à la fois, en me
regardant. Les braves cœurs!... Moi? je
payais rançon pour la joie d'avoir fait deux heureux...

Le temps pressait ; nous mîmes à profit celui
dont nous pouvions disposer ; et les bagages
prêts, nous nous assîmes une dernière fois pour
déjeuner, à la table témoin depuis des mois
de nos émotions. Mais l'estomac resta bouclé.

A 2 heures moins le quart nous arrivons à
la gare ; nous nous promenons silencieusement,
agités par un même sentiment : eux, préoccupés
de me cacher la joie que trahit tout leur être,
moi soucieux de ne pas leur laisser voir ma
tristesse.

Voilà le train qui se range le long du quai ;
un coup de cloche est suivi bientôt d'un coup de
sifflet : c'est le signal du départ. Après une
dernière étreinte, Darras et Duruy s'élancent

dans le wagon ; la machine fait un violent effort, démarre, entraîne le train dont les wagons ressemblent, à mesure qu'ils s'éloignent sur la voie sinueuse, à un gigantesque serpent déroulant ses anneaux ; puis il disparaît dans une gorge, pour reparaître au loin comme un point noir et s'évanouir tout à coup.

Les yeux fixés sur ce point, je crois voir encore l'éclat du regard de mes chers prisonniers rendus à la liberté, à la défense de la Patrie[1].

Aujourd'hui le capitaine de 1871 est général de division, commandant à Dijon. Officier des plus remarquables, il joint aux éminentes qualités militaires dont il a fait preuve dans les campagnes du Mexique, d'Afrique et de 1870, des talents précieux. Il monte à cheval comme notre regretté maître Raab ; il dessine et peint.

Ses dessins à l'aquarelle, au fusain ou à la plume, gardent de la nature qu'ils reproduisent son charme et sa poésie.

Quel général supérieur pour l'École supé-

---

[1] Le général Darras est sorti en tête de sa promotion de St-Cyr et de sa promotion d'état-major.

Il a refusé le portefeuille de ministre de la guerre, que lui fit offrir M. Brisson.

rieure de la guerre, ou un commandement de corps d'armée !

Albert Duruy le plus jeune de nous n'est plus ! Rentré en France, engagé de nouveau, cette fois dans le bataillon des volontaires de la Seine, il y apporta la même intrépidité dont il avait déjà donné tant de preuves. Après la guerre il reprit la plume, publia plusieurs études magistrales, entreprit un grand ouvrage qu'il n'interrompit que pour faire aux critiques de Taine contre Napoléon Ier une éloquente réponse[1], puis épuisé par ce dernier effort, il s'alita, terrassé par un mal qui ne pardonne pas.

Quelques jours plus tard la mort emportait dans sa fleur ce beau et fier jeune homme, son héroïsme de soldat, son talent d'écrivain, son cœur de Français ! Comme son père, Albert Duruy a illustré son nom et honoré sa Patrie.

[1] Voir le *Figaro* du 13 août 1887.

RETOUR DE CAPTIVITÉ

Le 26 février furent signés les préliminaires de paix ; le 1ᵉʳ mars, l'assemblée nationale les accepta.

La France sortait de la guerre, meurtrie, amputée ; mais l'ennemi n'était parvenu à vaincre sa résistance qu'au bout de quatre mois de lutte acharnée, bien qu'il n'eut eu devant lui, depuis la capitulation de Sedan et de Metz, que des armées et un matériel improvisés, et que la France se trouvât sans gouvernement régulier.

L'amour de la patrie qui avait fait prendre les armes, même à des enfants et à des vieillards, avait inspiré à tous le sacrifice d'eux-mêmes, pour l'honneur de la France.

L'honneur était sauf.

Le 3 mars 1871 nous nous séparions d'un homme dont il a été beaucoup parlé au cours des présents souvenirs : le général baron de Wedell, ce parfait gentilhomme qui s'était fait un devoir d'inaugurer la sollicitude envers les prisonniers français.

Le 4 mars nous arrivions à Paris.

Un an plus tard, — oh caprice des événements ! — nous étions condamnés à la prison et notre Sanglier séquestré par ordonnance de justice. Nous avions, il est vrai, châtié l'insolence d'un certain personnage, l'affaire avait fait du bruit, et le coup d'épée que notre adversaire avait reçu, nous avait créé — grâce à un jugement rendu en bonne et due forme — des loisirs à la Conciergerie, pour méditer sur la fragilité de notre importance.

Combien fragile, en effet !

Là-bas, en captivité, nous avions été quasi-puissant : la forteresse redoutable n'avait-elle pas ouvert ses portes pour laisser passer nos camarades ? En France, à Paris, nous perdions de nouveau notre liberté, nous devenions l'hôte de la Conciergerie !

Et nos amis ? allaient-ils nous abandonner, et confirmer ces vers du poète :

> Donec eris felix multos numerabis amicos ;
> Tempora si fuerint nubila, solus eris.

En vérité, non ; et, jamais Ovide ne reçut un démenti plus flamboyant qu'à l'occasion de notre condamnation. Nous fûmes l'objet, non seulement de la part de nos amis, mais de la part de nos connaissances, voire même d'inconnus, de la protestation la plus touchante : la Conciergerie fut envahie tous les jours, de 2 à 4 heures.

Rendons justice à qui de droit, on y laissa entrer toutes les personnes qui vinrent nous apporter le témoignage de leur sympathie : dames et messieurs ; hommes de robe et hommes d'épée.

Et combien de lettres touchantes ; celles entr'autres de Valentin[1], de Marcotte d'Azincourt. Ce fut le côté consolant de notre séjour à la Conciergerie. Il eût son côté gai. Un jeune faussaire, notre voisin de cellule, tint à nous prouver qu'il *s'honorait* de notre voisinage en nous faisant demander, par notre gardien commun, de lui *prêter* quelques *napoléons*.

Et ce gardien : quelle sollicitude pour son prisonnier ! Aussi ne pûmes-nous lui refuser une lettre témoignant de ses attentions dans le service. Or, quelle ne fût pas notre surprise, en quittant la Conciergerie, d'apprendre qu'il avait rempli les fonctions de capitaine *dans l'armée de la Commune.*

[1] Voir p. 205.

Sanglier, lui, avait reçu dans le domaine de Ménars, grâce à la châtelaine, une hospitalité princière ; mais quand le dit domaine fut séquestré, notre vaillant compagnon le fut, par ricochet. Heureusement, la Cour de Paris annula le jugement du tribunal présidé par M. Aubépin, comme étant contraire à la loi, et Sanglier reconquit sa liberté.

Nous n'en considérâmes pas moins ce qui venait de se passer comme un mauvais présage et nous dirigeâmes prudemment Sanglier sur Compiègne où, chez de braves gens, les Leclerc, il trouva une douce retraite et mourut de vieillesse.

Notre précaution ne fut pas inutile : quelques mois plus tard Ménars, bien dotal de la Princesse Bibesco, était vendu au feu des enchères par autorité de justice[1] ! Or si Sanglier y fût demeuré, ce vaillant animal qui avait échappé aux périls de la guerre et aux mains des Allemands, qui avait même été l'objet, de leur part, d'une sollicitude marquée, serait tombé dans celles... d'un commissaire-priseur français, pour être vendu comme l'avait été le château !

Bientôt je pris également ma retraite. Je venais de terminer à la Conciergerie mon livre Belfort,

[1] Voir page 145.

Reims, Sedan ; je me décidai à mettre l'épée au fourreau et ma plume au service de l'histoire.

En me consacrant aux souvenirs du passé, je pouvais continuer à servir ma patrie de naissance et ma patrie d'adoption que j'ai toujours confondues dans une même tendresse : toi Roumanie, parce que sous l'azur de ton ciel je me suis éveillé à la vie; toi France, parce que tu m'as adopté pour fils, que tu m'as ouvert les rangs de ta vaillante armée, qu'il m'a été donné de combattre à l'ombre de ton drapeau, de voir l'aube de ma carrière s'emplir du rayonnement que la victoire laisse à jamais derrière elle, qu'au crépuscule de ma vie de soldat j'ai partagé tes angoisses devant l'invasion, ta douleur dans la défaite.

Le malheur, ce jour-là, a fait de mes liens d'affection, des attaches indissolubles et sacrées.

———

DOCUMENTS

LETTRES DE VALENTINE DE RIQUET
COMTESSE DE CARAMAN CHIMAY

A M. Thiers, Président de la République
A l'Empereur Guillaume
A Madame Thiers

A Monsieur Thiers, Président de la République.
1871.

Monsieur le Président,

Il y a environ 2 mois, des habitants du village de Saint-Bohaire (les Blois) venaient de la part du Préfet, — M. Camescasse, — me supplier d'intervenir auprès des autorités allemandes, pour obtenir la mise en liberté de leurs parents, pauvres cultivateurs faits prisonniers lors de l'invasion prussienne, et retenus encore à l'heure qu'il est, dans les prisons de Cologne. M. le Préfet avait déclaré que le Gouvernement français ne pouvait rien, et il s'était débarrassé de ses administrés en leur indiquant ma demeure.

Je n'ai jamais reculé devant le devoir que je me suis tracé, de faire chez moi et autour de moi le plus de bien possible, parce que j'ai l'intime conviction que le véritable principe de la morale divine et humaine est l'appui que nous

nous devons les uns aux autres et que le pauvre doit trouver dans le riche, le faible dans le fort. J'aime le peuple, je m'en suis toujours occupée ; je connais ses défauts qui sont souvent notre œuvre, je connais ses qualités que nous ne savons, la plupart du temps, ni apprécier ni comprendre, et la visite de mes malheureux voisins ne m'eût point étonnée, habituée que je suis à m'occuper de leurs petites affaires, s'ils ne s'étaient présentés chez moi de la part de M. le Préfet que je ne connais pas.

Mes parents sont Belges, j'ai été élevée en Belgique, mes sympathies sont toutes françaises ; née à Ménars, mon cœur est français. J'avoue que m'adresser à la Prusse en pareil moment, même à ceux qui furent mes amis, m'était chose pénible, douloureuse, mais je n'ai jamais pu résister aux larmes des autres. Je me décidai à tenter un premier effort auprès d'un général prussien ; il se déclara incompétent et me conseilla d'écrire à M. de Bismarck. Je repris ma plume pour m'adresser directement au chancelier. Il répondit lui aussi, qu' « il ne pouvait rien. » J'allais avoir recours à vous, Monsieur ; mais avant de vous remettre entre les mains la cause qui m'était confiée, j'ai voulu tenter un dernier effort. J'estime que votre temps est absorbé par de trop graves intérêts pour qu'il ne soit pas du devoir de tous ceux qui aiment le pays, de prendre leur part de la grande tâche et de contribuer de toutes leurs forces au salut commun, sans distinction de naissance ni de parti. — J'ai donc écrit à l'Empereur d'Allemagne que j'ai connu autrefois. Comme il se peut que ce fait soit porté à votre connaissance, j'ai pensé qu'il serait utile que vous fussiez mis au courant de mes tentatives, que vous connussiez les noms des prisonniers, celui de leur village et les faits qui ont provoqué leur arrestation.

Au moment où les Prussiens envahirent le village de Saint-Bohaire, les femmes se révoltèrent et se livrèrent à quelques voies de fait. Une d'elles ayant battu un soldat allemand, ce dernier leva son sabre sur la tête de sa vaillante adversaire. Le mari, caché jusqu'alors, s'élança au secours de sa femme et tua le soldat d'un coup de pistolet. Les Allemands entraînèrent cet homme pour le fusiller, ainsi que trois cultivateurs, bien que ces derniers eussent été simples spectateurs de cette sanglante tragédie.

Leurs familles ont reçu des nouvelles ; ces quatre infortunés sont incarcérés à Cologne.

Pour les femmes et les enfants, cet exil du père de famille est la misère.

Excusez-moi, Monsieur le Président, si j'ai abusé de vos moments et veuillez agréer, l'assurance de ma haute considération.

___

A S. M. l'Empereur Guillaume. — 1871.

Quatre habitants de St-Bohaire près Blois ayant été emmenés par les troupes allemandes, à Cologne, pour être traduits devant un conseil de guerre, sous une accusation capitale, la comtesse adressa à l'Empereur Guillaume la lettre suivante :

Sire,

Il me faut le désespoir dont je suis témoin pour trouver dans mon cœur le courage de m'adresser directement à Votre Majesté, pour oser venir en suppliante vous demander la grâce de quatre pauvres malheureux retenus dans les prisons de Cologne.

Un seul de ces hommes fut coupable d'avoir essayé de défendre son foyer contre l'ennemi. Vous êtes homme, Sire, vous êtes soldat ; en temps de guerre la défense est-elle un crime ?

Pendant la durée de la guerre l'ambulance du château de Ménars fut ouverte à toutes les souffrances : la charité ne connaît pas d'ennemis.

J'ai soigné vos soldats, j'ai pansé vos blessés avec tout mon cœur et tout mon dévouement. Aujourd'hui, Sire, je viens réclamer mon salaire, je vous demande la grâce de mes pauvres protégés.

A Madame Thiers.

Château de Ménars (Loire et Cher),
18 novembre 1871.

Madame,

Ayant appris que vous étiez à la tête de
l'Œuvre des orphelins de l'Armée, je prends la
liberté de vous adresser directement, au nom de
ma pauvre Commune, le produit de la quête
faite le 16 novembre dans l'église de Ménars.

Jalouse de contribuer sinon au salut du pays,
du moins au soulagement des blessés de l'armée
française, j'avais, au moment de la guerre,
transformé le château de Ménars[1] en ambulance.

---

[1] Ménars le château, y compris le petit et le grand parc
— **bien dotal** de la Comtesse — a été vendu au feu des enchères en 1877, par autorité de justice, à la suite du second
mariage de la Comtesse avec le Prince Georges Bibesco
(24 octobre 1875) et de son refus de mettre au couvent
ses deux filles, confiées à sa garde par l'arrêt de séparation
prononcé en sa faveur le 1er août 1874.

65o blessés ont trouvé asile dans nos salons ; 59 soldats et officiers y sont morts des suites de leurs blessures.

C'est en l'honneur de ces pauvres jeunes gens morts pour la patrie, qu'un service solennel a été célébré chez moi, le 16 de ce mois et qu'une quête a été faite en faveur des orphelins que vous protégez.

La recette est bien modeste, Madame, mais je me permets, en vous l'adressant, de rappeler à votre indulgence que mon village est bien petit, bien pauvre et a subi le contre-coup des désastres qui causent aujourd'hui le deuil de la France ; pardonnez à l'offrande en faveur du sentiment qui l'a provoquée.

Recevez, Madame, l'expression de ma haute considération.

PIÈCES RELATIVES AUX CHARGES
DE SEDAN

On a mené grand bruit dans la presse, il y a
environ 17 ans, autour d'une affaire relative
aux charges de Sedan. Un superbe fait d'armes,
celui-là même qui arrachait au roi Guillaume
ce cri d'admiration : « *Ah ! les braves gens* » et
fait écrire par l'état-major allemand ces lignes :
*la cavalerie française est en droit de jeter un
regard de légitime orgueil vers ces champs de
Floing et de Cazal...*, a été ravalé, dix ans plus
tard, au niveau d'une question de personne.

La vérité étayée par la notoriété des faits,
par les déclarations du général Ducrot, spectateur et acteur du drame, par celles du colonel
Faverot, attaché le 1ᵉʳ septembre à la personne
du général Ducrot, et du lieutenant Reverony, officier d'ordonnance du général Margueritte ; la vérité racontée au lendemain de la ca-
tastrophe de Sedan, au duc de Bauffremont,
par le colonel, son frère, dans une lettre datée
de Sedan, le 2 septembre 1870, — lettre publiée par la presse française cette même année,
passée inaperçue, que personne n'a songé à

produire au cours de la polémique soulevée dix ans plus tard, en 1880, par le prince de Bauffremont — la vérité historique, disons-nous, a été méconnue, par des hommes de bonne foi, mais inexactement renseignés : les généraux Lebrun et Ambert.

Nous avons donc pensé qu'en parlant au début de ce travail, du sublime sacrifice fait à la patrie par la division Margueritte, le 1er septembre 1870, il convenait de reproduire ici, pour servir à l'histoire, les pièces suivantes :

Deux lettres du colonel de Bauffremont à son frère, le duc de Bauffremont : l'une datée de Sedan, le 2 septembre, l'autre de Glairès, le 3 septembre 1870, et sa lettre du 2 avril 1880, insérée dans le Gaulois.

La réponse du général Ducrot au général de Bauffremont, datée de Versailles, le 3 octobre 1880.

Les déclarations du colonel Faverot et du lieutenant Reverony.

Un extrait du rapport adressé le 2 septembre 1870, par *M. le général de brigade Galliffet, commandant par intérim la première division de réserve de cavalerie,* au général de Wimpfen, commandant l'armée française à Sedan.

La lettre de M. de la Brosse, maire de Floing, à M. le sous-préfet de Sedan, 3 novembre 1871.

La lettre que le brigadier E. Robert, du 1er régiment de hussards, écrivit d'Arras, le 12 novembre 1870, à Mme la marquise de Gantès, veuve du lieutenant-colonel de Gantès tué à Floing, au milieu des rangs ennemis, en conduisant la charge du 1er régiment de hussards.

Une lettre du Prince de Bauffremont, du 12 janvier 1891, à M. le Directeur des *Débats,* relatant le passage d'une lettre du maréchal de Mac Mahon.

La réponse du journal, 13 janvier 1891.

M. le prince de Bauffremont,
Colonel du 1ᵉʳ régiment de hussards à son frère,
M. le duc de Bauffremont.

Cette lettre écrite par le colonel de Bauffremont à son frère, le lendemain de la bataille de Sedan (2 septembre), a une importance exceptionnelle, parce qu'elle a été écrite par le Colonel dans un moment où ses souvenirs étaient bien présents à sa mémoire. Elle précise le rôle qu'il a joué dans les charges de la division Margueritte.

Le Colonel du 1ᵉʳ régiment de hussards y revendique uniquement l'honneur d'avoir *chargé à la* **tête de son régiment** et *d'avoir eu un cheval tué sous lui, après un parcours de* **300 mètres** *au galop.* Démonté, *je suis revenu* **à pied**, dit-il, *rejoindre les autres troupes.* — Quelques lignes plus loin on lit encore ces mots : **J'ai chargé** *le bataillon prussien* **avec mon régiment**, *heureux d'avoir toujours mes membres et ma rude santé.*

Et c'est tout.

« Sedan, le 2 septembre.

« Mon cher Roger, nous avons eu hier une journée désastreuse ; pas de commandement et trop de troupes ennemies contre nous. Nous avons été exposés au feu de l'ennemi depuis huit heures du matin ; la bataille s'est terminée à cinq heures du soir. L'artillerie prussienne a fait de rudes ravages chez nous. Une partie des chasseurs d'Afrique et mon régiment ont terminé le combat.

« Les pertes de mon régiment sont très nombreuses ; je n'ai plus qu'un capitaine-commandant ; la plus grande partie de mes officiers sont tués ou blessés. **J'ai chargé à la tête de mon régiment, et après avoir parcouru 300 mètres au galop, mon cheval, criblé de balles, a été tué sous moi. Je suis donc revenu à pied rejoindre les autres troupes,** et je me demande comment je suis encore de ce monde. Les balles que j'ai entendu siffler autour de moi sans me toucher, en avaient reçu l'ordre de la Providence !

« Nous sommes prisonniers de guerre à Sedan et dans un désordre très grand. De mes cinq escadrons il n'en reste plus qu'un et demi. Tout le reste est tué ou blessé. On ne dira pas qu'il n'a pas payé de sa personne. Je réserve pour la fin les mauvaises nouvelles. Pas de nouvelles d'Henri. Le mieux qui pourrait lui arriver, c'est d'être prisonnier ou blessé. Prépare sa mère.

« Je t'envoie cette lettre par la Belgique et par une occasion qui, j'espère te la fera parvenir. Je n'ai plus ni effets ni chevaux. Tout a été pris, et l'argent qui me restait a été laissé par moi dans les sacoches de mon cheval tué devant le **bataillon prussien que j'ai chargé avec mon régiment,** bien heureux d'avoir tous mes membres et toujours ma rude santé. La bataille de Sedan comptera parmi les batailles néfastes de notre histoire.

« Le capitaine de Bonneval a été blessé, mais j'ignore où il est. Préviens Lapanouse. Mon général de brigade a été tué à mes côtés avec tous ses officiers d'ordonnance.

« Glaires, près Sedan, 3 septembre 1870.

« Mon cher Roger, nous sommes prisonniers de guerre, par suite de la capitulation de Sedan, et j'ignore ce que l'on va faire de nous. Je crois que nous serons enfermés dans une ville quelconque d'Allemagne. On nous a proposé d'avoir notre liberté à la condition de nous engager par écrit à ne pas porter les armes contre la Prusse pendant la guerre. J'ai refusé et ai préféré suivre le sort de mes hommes. Je pense pourtant que l'on va nous séparer d'eux. »

Lettre
du prince de Bauffremont à M. le rédacteur
du Gaulois.

Dix ans après avoir écrit ce que l'on vient de lire, le prince de Bauffremont fait paraître dans le *Gaulois* les déclarations suivantes : **Cette charge,** celle de Sedan, **c'est moi qui l'ai commandée ; c'est moi qui reçus du général Ducrot l'ordre de charger ; c'est moi qui, en tête de toute la division, entraînai les régiments contre les bataillons prussiens.**

2 avril 1880.

Monsieur le rédacteur,

Depuis deux jours, vous discutez un problème historique où je suis mêlé : la charge de Sedan. Voici ce que j'ai à dire : **cette charge, c'est moi qui l'ai commandée.**

D'après l'*Annuaire officiel,* le marquis de Galliffet a été nommé général le 3o août,

c'est-à-dire deux jours avant la bataille de Sedan.

Je ne conteste pas la chose, mais cela prouve-
t-il que M. de Galliffet ait exercé les fonctions
de général au moment de la charge ? Deux choses auraient été nécessaires pour cela : une lettre de service et la mise à l'ordre de la brigade
ou de la division.

A mon tour, j'en appelle au témoignage des
officiers des régiments qui ont pris part à la
charge : 1ᵉʳ hussards et 6ᵉ chasseurs, brigade
Tilliard ; 1ᵉʳ, 3ᵉ et 4ᵉ chasseurs, brigade Margueritte.

Dès le matin, le général Tilliard avait été
tué par un éclat d'obus, et j'avais, comme le
plus ancien colonel, pris le commandement de
la brigade.

Quelques moments avant la charge, le général Margueritte était blessé mortellement. La
division se trouvait sans généraux et passait, de
fait, sous mes ordres.

**C'est moi qui reçus du général Ducrot l'ordre de
charger ; c'est moi qui, à ma place de bataille, en
tête de toute la division, entraînait les régiments contre
les bataillons prussiens.**

Que M. de Galliffet ait été ou non général le

jour de Sedan, il ne commandait pas, et le débat ouvert porte sur ce seul point [1].

Prince de BAUFFREMONT.

[1] La lettre qui suit, répond à cette phrase, et clôt toute discussion. En effet, que M. de Galliffet ait été ou non général le jour de Sedan, c'est lui qui a commandé, parce que c'est lui qui a reçu de son chef hiérarchique l'ordre de prendre le commandement de la division, et du général Ducrot l'ordre direct de charger ; que les régiments lui ont obéi comme au chef auquel ils devaient obéissance.

Il importe de noter, d'ailleurs, à propos de ces revendications du prince de Bauffremont, datées de 1880, que les unes sont en contradiction avec sa lettre du 2 septembre 1870, les affirmations du colonel Faverot et du lieutenant Reverony, que les autres sont repoussées par le général Ducrot. **au nom de la vérité historique.**

Lettre

du général Ducrot au général de Bauffremont.

La France militaire, dans son numéro du 3o octobre 1884, a donné le texte d'une lettre adressée par le général Ducrot au général de Bauffremont, en réponse à celle que ce dernier avait fait paraître dans le *Gaulois*.

Ce document est une pièce historique ; il démontre les erreurs commises, dans leurs ouvrages, par les généraux Lebrun et Ambert, et les **« souvenirs inexacts »** du général de Bauffremont.

Le général Lebrun — qui était pendant les charges de Sedan à l'autre extrémité du champ de bataille — a écrit, en les racontant dix ans après, *qu'elles furent ordonnées par le général Ducrot et dirigées par le colonel de Bauffremont,* comme le *plus ancien colonel* de la Division (pages 125, 126, 127 et 128).

Le général Ducrot dans la lettre, qui suit, adressée au général de Bauffremont est très catégorique : **je ne me rappelle pas,** dit-il, **vous avoir distingué particulièrement avant ni pendant la charge, et je suis certain de ne vous avoir donné directement aucun ordre... Les derniers efforts ont été faits sous la direction du général de Galliffet, sur l'ordre que je lui ai donné directement.**

Si la veuve du général Ducrot n'avait pas retrouvé la copie de la lettre adressée par son mari, le 3o octobre 1884, au général de Bauffremont, les renseignements erronés recueillis par les généraux Lebrun et Ambert auraient passé pour vrais, ils auraient créé une légende à côté de l'histoire.

I I

Versailles, le 3 octobre 1880.

Mon cher général,

Je viens de lire votre lettre à la rédaction du *Gaulois,* insérée dans le numéro du 2 avril, et je vous avoue qu'elle me cause un profond étonnement...

Je regrette vivement que vous ayez fait intervenir mon nom en cette affaire, **car je suis obligé de déclarer que vos souvenirs sont inexacts.**

Je ne me rappelle pas vous avoir distingué particulièrement avant ni pendant la charge, et je suis certain de ne vous avoir donné, directement, aucun ordre.

Mes premiers ordres ont été donnés au général Margueritte, que j'ai été chercher au Calvaire d'Illy et que j'ai guidé moi-même jusqu'à l'endroit où il devait former ses escadrons; après lui avoir indiqué la direction dans laquelle devait se porter son effort, je l'ai quitté pour aller à l'infanterie, afin de l'amener en position de soutenir la cavalerie.

C'est à ce moment que le général Margueritte est tombé mortellement frappé en faisant la reconnaissance du terrain sur lequel il allait charger.

J'ignore ce qui s'est passé alors ; mais il est permis de penser que chaque colonel s'est mis à la tête de son régiment pour l'entraîner à la charge, c'est ce qui explique votre erreur.

Peu d'instants après, lorsque nos escadrons repoussés en désordre sous un feu effroyable sont venus se rallier derrière la crête, à peu près à hauteur du point d'où ils étaient partis, j'ai vu le général de Galliffet au milieu d'eux faisant d'énergiques efforts pour les reformer. Accourant vers lui, je m'écriai devant le front des escadrons de droite : « *Encore un effort, mon cher général ; si tout est perdu, que ce soit pour l'honneur des armes...* » A quoi le général répondit avec un entrain communicatif : « *Tant que vous voudrez, mon général ! Tant qu'il en restera un !* »

Pendant que ces paroles étaient échangées, plusieurs chasseurs tombèrent frappés dans le rang par les balles qui passèrent par-dessus la crête. Puis, le général de Galliffet, mettant le sabre à la main, s'élança pour la dernière fois à la tête des quelques escadrons qui lui restaient.

En résumé la première division a été formée et lancée, une première fois, sur l'indication donnée par moi au général Margueritte ; les derniers efforts ont été faits sous la direction du général de Galliffet, sur l'ordre **que je lui ai donné directement.**

Voilà l'exacte et incontestable vérité. Ces faits ont été relatés dans le récit que j'ai publié en 1871, alors que nous étions encore assez rapproché des événements pour en avoir conservé un parfait souvenir.

Depuis, je vous ai vu vingt fois ; nous en avons causé souvent ; vous m'avez même donné d'intéressants détails sur le rôle très honorable que vous avez joué dans ces héroïques épisodes d'une bien triste bataille... **et jamais vous n'avez émis un doute sur l'exactitude de ma narration...**

Comment donc se fait-il que, après neuf ans passés, vous veniez entamer une polémique douloureuse sur ces tristes événements !...

J'en suis profondément affligé, je vous assure ; mais, en dépit des funestes querelles de partis, **je considère comme un devoir de maintenir la vérité historique.**

J'ai blâmé assez énergiquement et assez hautement certaines faiblesses et certaines défaillances pour me croire le droit de soutenir l'affir-

mation des actes de dévouement et de courage
que les fautes ou les erreurs commises depuis,
ne sauraient effacer.

Croyez toujours, mon cher général, à mes
sentiments bien affectueux.

Général Ducrot.

*Déclaration du colonel Faverot, attaché
pendant la journée du 1ᵉʳ septembre 1870,
à la personne du général Ducrot.*

Le colonel écrit au général Lebrun :

. . . .

Je suis « l'officier attaché à la personne du
général Ducrot » que vous citez à la page 126
comme ayant porté au colonel de Bauffremont
l'ordre de faire charger la *division* Margueritte.

J'ai l'honneur de vous affirmer, mon général,
que c'est *au général Galliffet* et non au colonel
de Bauffremont que le général Ducrot m'a en-
joint de porter cet ordre [1].....

Déclaration du Lieutenant Reverony.

..... L'ordre d'engager la brigade de chasseurs d'Afrique a été donné au général de

[1] Voir le *Temps* du 1ᵉʳ novembre 1884.

Galliffet par le général Margueritte, à haute voix et en présence de tous. Comme témoin de ce combat je peux vous citer, entre autres, le lieutenant-colonel de Montfort, alors lieutenant au 4me chasseurs d'Afrique, et le lieutenant-colonel de Ganay, alors lieutenant au 3me chasseurs d'Afrique, tous deux blessés à cette première charge.

Le second engagement a eu lieu vers 2 heures dans la direction de Floing ; toute la division y a pris part ; le général Margueritte blessé quelques instants auparavant, en reconnaissant le terrain, remit en traversant les lignes, le commandement au général de Galliffet [1].

[1] Voir le *Temps* du 1er novembre 1884.

*Monsieur de la Brosse, maire de Floing,
à Monsieur le sous-préfet de Sedan.*

Les originaux de cette lettre et de celle qui suit ont été
remis à l'auteur des présents souvenirs, par Madame la
Marquise de Gantès, en 1871. La Marquise l'a autorisé
à en prendre copie ou à les photographier, et à en faire tel
usage qu'il jugerait bon.

Ces pièces appartenant à l'histoire, il les livre aujourd'hui
à la publicité.

Floing, 3 novembre 1871.

Monsieur le Sous-Préfet,

La dernière fois que j'ai eu l'avantage de vous
voir vous m'avez demandé quelques détails sur
la mort et l'exhumation de ce brave lieutenant-
colonel de Gantès tué le 1er septembre à la funeste
bataille de Sedan. Pour la troisième fois depuis le
1er septembre, dans le mois de novembre 1870
je reçus la visite de Madame de Gantès qui venait
rechercher l'endroit où son mari avait été tué.
Après avoir recherché dans tout le côté sud de
Sedan elle eut l'idée de visiter le côté nord du
champ de bataille.

Cette visite fut motivée par le récit d'un brigadier du régiment du lieutenant-colonel de Gantès
(1er hussard), qui avait été témoin de sa mort.
Dans l'après-midi du 1er septembre, le 1er hussard
partit de la Garenne et reçut l'ordre de charger
dans la direction de Floing où les Prussiens venaient d'établir une batterie de 60 bouches à feu,
dans le but d'enlever à l'armée française toute
chance de sortir du cercle de feu dans lequel elle
était enfermée.

En fournissant cette magnifique charge le
lieutenant-colonel de Gantès, qui commandait
le régiment *en l'absence du colonel de Beauf-
fremont,* reçut un éclat d'obus au genou, il
n'en continua pas moins la charge *toujours en
tête de son régiment.* Au moment où les débris
du 1er hussard arrivaient au-dessus du village et
étaient forcés de retourner à gauche pour éviter
de tomber sur les toits des maisons, le colonel
Gantès aperçut un officier allemand bien monté
comme lui ; ils se précipitent l'un sur l'autre,
une lutte acharnée à l'arme blanche s'engage,
le sabre du marquis de Gantès est brisé, affaibli
par sa blessure il tombe de cheval, le Prussien
saisit alors une petite hache et fend la tête au
marquis de Gantès. Il ne tarda pas heureusement à expier ce crime, car le brigadier qui

donna ces détails eut l'insigne honneur de venger son colonel en tuant son meurtrier sur son propre corps.

Aussitôt que la marquise eut ces détails, elle vint chez moi pour voir un capitaine du même régiment, le comte de Lussac qui avait la poitrine traversée d'une balle et me demanda si je savais où reposait le corps de son mari. Je lui dis qu'en effet j'avais enterré un officier supérieur avec 24 autres militaires de tous grades ; que je le supposais officier supérieur attendu qu'il avait les cheveux presque blancs, et qu'il était comme tous les officiers supérieurs dépouillé de son dolman et de ses bottes. La marquise voulut que l'on fouilla cette fosse et trois mois après nous découvrîmes ces 25 cadavres.

Après avoir examiné avec soin ces malheureux restes il était impossible à la marquise de reconnaître les traits de celui qu'elle cherchait, cependant son attention fut éveillée par la main de l'un d'eux qui, parfaitement conservée, avait les ongles très bien soignés et d'une finesse, d'une distinction tout aristocratique. Elle me pria alors de tâcher de voir la marque du caleçon. Je parvins à l'enlever, c'était bien la marque du marquis. Elle me dit alors : « Mais je serais tout à fait convaincue si, voyant la tête, je voyais le crâne ouvert. » Je pris alors cette tête et en la retournant je montrais à la marquise qu'elle était presque fendue. Le doute n'était plus permis, elle voulut alors descendre dans ce charnier pour embrasser ce malheureux cadavre. Je m'y opposai de toute ma force et je dus l'entraîner pour l'empêcher d'accomplir un acte aussi inutilement pénible. Je fis ensevelir le cadavre ; on le porta à l'église du village, je convoquai le conseil municipal, je priai quelques amis de Sedan de venir rendre les derniers devoirs au marquis de Gantès. Mon appel fut entendu, chacun était heureux de rendre les derniers devoirs à ce brave militaire qui s'était conduit en héros.

J'avais également pu réunir les quelques blessés qui nous accompagnèrent en se traînant péniblement au cimetière où repose cette précieuse dépouille qui nous est confiée et qui chaque jour est couverte de fleurs et de couronnes. Depuis, Madame la marquise de Gantès a fait ériger un monument sur la tombe de son mari.

Veuillez agréer, Monsieur le Sous-Préfet, l'expression de mes sentiments distingués.

*Le brigadier de hussard Eugène Robert
à Madame la Marquise de Gantès,
veuve du Marquis de Gantès,
lieutenant-colonel au 1er husard*[1].

Arras, le 12 novembre 1870.

Madame,

Je vous demande bien le pardon de prendre
la liberté de vous écrire ces quelques lignes ; je
vous ai vu si malheureuse ; il m'est impossible
de ne pas vous dire la vérité depuis deux mois
et demi que vous cherchez après, c'est déses-
pérant à vous la dire. J'ai su que vous avez
subi le même sort pour nous et que vous avez
eu la force et le courage de le supporter. Je suis
témoin de la mort de notre pauvre lieutenant-
colonel à la tête de la 3e charge, à 50 pas de
nous, pour nous donner du courage. On se
battait à l'arme blanche. Pris avec un officier
bavarois ils ont baigné dans leur sang l'un par

[1] C'est grâce à ce brigadier que la Marquise de Gantès a
pu retrouver et reconnaître le corps de son mari. Nous
avons conservé, avec intention, à cette lettre son style et
son orthographe.

l'autre; c'est le courage qui l'a conduit à la mort. Le colonel de Bauffremont n'était plus avec nous [1]. Je sais que notre lieutenant-colonel a été recommandé par deux brigadiers, il est tombé près d'un petit bois au village de Floing; adressez-vous au maire, il se nomme M. de la Brosse, il vous donnera tous les renseignements. Permettez-moi, Madame, de vous accompagner pour aller demain à la gare. Je serai bien heureux de pouvoir vous rendre un service dans ce moment si malheureux.

Je suis, Madame, votre tout dévoué serviteur.

Eugène ROBERT,
brigadier de hussards.

[1] Le colonel de Bauffremont, *en chargeant à la tête de son régiment,* avait eu son cheval tué et avait été obligé de revenir à pied, pendant que la charge se poursuivait sous les ordres du lieutenant-colonel de Gantès. (Voir la lettre du colonel de Bauffremont à son frère, le Duc Roger de Bauffremont, datée de Sedan le 2 septembre, pages 153-155. Cette lettre a été publiée par plusieurs journaux de Paris, au cours du mois de septembre 1870.

Voir aussi, pages 21 et 22.

Extrait du rapport adressé le 2 septembre
1870 par *M. le général de brigade de Galliffet,
commandant par intérim la première division
de réserve de cavalerie,* au général de Wimpfen, commandant de l'armée française à Sedan.

.   .   .   .

La première division de la réserve de cavalerie reçut du général Ducrot l'ordre de se pla-
cer derrière la gauche de son infanterie et sur
la pente qui se dirige vers la Meuse, en laissant
Floing en arrière et à gauche.

Le général Margueritte, qui s'était porté en
avant de l'infanterie pour examiner le terrain
sur lequel il espérait conduire une charge déci-
sive, fut grièvement blessé à la tête et, en
même temps que lui, presque tous les officiers
qui l'accompagnaient.

Il m'envoya immédiatement l'ordre de prendre le commandement de la division. Au même
instant le général Ducrot, voyant l'infanterie

prussienne se rapprocher de la nôtre, qui paraissait faiblir, nous donna l'ordre de charger. Chaque régiment devait s'efforcer de culbuter l'infanterie prussienne qui était devant son front de bataille.

Le mouvement s'exécuta avec un *entier dévouement*.

Les premiers petits groupes furent renversés, mais nos efforts vinrent échouer devant les bataillons compacts, dont le feu habilement dirigé nous fit éprouver des pertes très sensibles.

Nos escadrons dépassèrent les premières lignes ennemies, mais durent se rallier promptement sur le point de départ.

Je dois ajouter que l'infanterie ennemie avait la confiance d'une victoire déjà certaine et qu'elle n'avait été entamée ni par la fusillade ni par l'artillerie.

Le général s'est adressé au dévouement de braves gens que j'avais l'honneur de commander : il n'espérait pas nous voir réussir ; mais notre infanterie pouvait peut-être reprendre du courage en voyant cette cavalerie qui se sacrifiait pour lui donner quelque répit.

Les cinq régiments de la division ont rivalisé de bravoure et d'abnégation. La division a continué jusqu'au dernier moment à appuyer le mouvement de retraite. C'est à la fin de la journée que j'ai reçu du général commandant le 1ᵉʳ corps d'armée l'ordre de rallier près de Sedan les débris de cette division de cavalerie, qui seule, dans la journée du 1ᵉʳ septembre, a été engagée contre l'infanterie et l'artillerie[1].

[1] Voir la *Revue historique* et le journal le *Temps* du 14 janvier 1885.

Le Prince de Bauffremont
à M. le Directeur du Journal des Débats.

Paris, le 12 janvier 1891.

Monsieur le Directeur
du *Journal des Débats.*

Vous avez inséré, dans le numéro du 9 janvier de votre journal, la réponse que j'ai faite à votre premier article sur la charge de Sedan, mais vous faites suivre cette réponse de réflexions aussi malveillantes que celles auxquelles je prétendais précisément répondre.

C'est donc une nouvelle réponse que je vous adresse aujourd'hui et je vous prie de l'insérer dans votre plus prochain numéro ainsi que vous l'avez fait pour la première.

Je maintiens que, bien qu'il en portât les étoiles au turban de son képi, — ce qui explique que tout le monde et M. le général Ducrot

lui-même s'y soient trompés et l'aient cru ré-
gulièrement revêtu de ce grade, — Monsieur
de Galliffet n'était pas général de brigade le
jour de Sedan, et que, par suite, n'étant pas le
plus ancien colonel de la division, il n'avait pas
titre pour en prendre le commandement après
la mort ou la mise hors de combat des généraux
Tilliard et Margueritte.

C'est donc un FAIT que j'affirme et que les
réflexions de tous les journaux réunis ne sauraient infirmer.

Monsieur de Galliffet, par contre, eût pu dès
le premier jour trancher la question et il lui eût
suffi pour cela, comme il lui suffirait encore aujourd'hui, *de produire sa lettre de service,* et
d'en faire ainsi connaître la date et les signatu-
res dont elle est revêtue.

Mais jusqu'ici Monsieur de Galliffet n'a pas
répondu aux invitations réitérées qui lui ont été
faites à ce propos et ne paraît pas davantage
aujourd'hui y vouloir répondre.

Je me trouve ainsi contraint, à mon grand
regret, de vous donner connaissance des pas-
sages suivants d'une lettre, — que je n'eusse
certainement pas livrée à la publicité sans la
persistance passionnée des attaques de la presse,
et dont Monsieur le maréchal commandant en

chef l'armée de Sedan a bien voulu autoriser l'officier général auquel elle était adressée à me donner communication.

« 1ᵉʳ avril 1890.

.   .   .   .

« Vous pouvez faire connaître à Monsieur le
« général de Bauffremont qu'il avait raison de
« dire que Galliffet n'avait pu prendre le com-
« mandement à Sedan, car, en réalité, il n'avait
« pas été nommé général le 3o, comme il le
« croit, et comme l'Annuaire de 1871 ou 1882
« l'a porté.

« La veille de Sedan, j'avais bien présenté à
« l'Empereur un décret pour nommer Margue-
« ritte général de division et Galliffet général
« de brigade; mais ce décret est resté sur la ta-
« ble de l'Empereur, qui ne l'a jamais signé;
« j'en suis sûr.

« Je ne sais comment Galliffet a fini par per-
« suader un ministre de la guerre que cette
« pièce avait été signée, et s'est fait porter géné-
« ral sans avoir reçu le brevet.

« Signé : Maréchal DE MAC-MAHON. »

.   .   .   .

Cette affirmation spontanée, si claire et si nette, du vaillant soldat qui nous commandait, à la droiture et à la loyauté duquel nous rendons tous un unanime hommage, fixe irréfutablement la vérité historique et me dispense de répondre désormais à des attaques dont elle fait ressortir à la fois l'ignorance chez les uns et la mauvaise foi chez les autres.

Je vous prie de recevoir, Monsieur le Directeur, l'expression de ma considération distinguée.

BAUFFREMONT.

Réponse du Journal des Débats,
13 janvier 1891.

M. le général prince de Bauffremont se trompe du tout au tout en attribuant, à nous ne savons quel sentiment de « malveillance, » les réflexions que nous ont inspirées et la lettre du général Ducrot et sa propre réponse ; comme lui, mais avec cette différence que nous n'y avons aucun intérêt personnel, nous ne nous

préoccupons que de la « vérité historique, » et
c'est parce que celle-ci nous a parue irrévoca-
blement fixée par la lettre de l'ancien commandant du 1er corps de l'armée de Châlons que
nous avons persisté dans l'opinion que nous
avions soutenue dès 1884, et qu'on a pu con-
tredire alors et depuis, mais non réfuter d'une
façon même spécieuse.

Aujourd'hui M. le prince de Bauffremont apporte dans la discussion un document nouveau :
il produit la lettre du commandant même de
l'armée de Châlons que l'on a lue ci-dessus, et
il se flatte qu'un tel témoignage imposera défi-
nitivement silence à ses contradicteurs. Nous
en sommes bien fâché ; mais nous déclarons
persister plus que jamais dans des convictions
qui, n'en déplaise à M. le général de Bauffremont, ne sont pas formées à la légère ni de
fraîche date, et nous allons les justifier une fois
de plus.

Mais, tout d'abord, qu'il nous soit permis de
constater un certain déplacement, une certaine
déviation de la question, depuis la dernière polémique à laquelle nous prîmes part. En 1884,
il ne s'agissait que de savoir qui avait commandé les suprêmes et glorieuses charges de
l'après-midi du 1er septembre 1870 dans les

champs de Floing et de Cazal. « C'est le général de Galliffet, en ma présence et sur mon ordre, » a répondu catégoriquement le général Ducrot, tout en rendant hommage, comme nous ne demandons pas mieux que de le faire nous-même, au « rôle honorable » joué par le colonel de Bauffremont dans sa sphère. C'est alors que, battu sur ce point *de fait,* M. le prince de Bauffremont a voulu prendre sa revanche sur le point *de droit.* Et ce n'est pas une simple « figure » dont nous nous servons ici, puisque aujourd'hui notre contradicteur se borne à demander si oui ou non le général de Galliffet était dûment général, à l'heure précise où il menait la « chevauchée de la mort, » si, par suite, c'était bien à lui que revenait l'honneur de conduire la division Margueritte, en un mot, s'il pouvait, en... droit strict, se faire tuer à la tête de ses escadrons.

Soit! Suivons M. de Bauffremont sur le terrain nouveau, — et plus étroit à tous égards, — où il lui plaît de se cantonner à présent. Déplorons même avec lui, s'il y tient, le silence persistant de l'officier général qu'il semble viser, vraiment! par-dessus notre tête, ignorant probablement que nous avons l'habitude de former nos jugements tout seul, en toute indépendance, comme en toute sincérité. Oui, certes, la polémique prendrait fin tout aussitôt et l'on verrait cesser comme par enchantement des « attaques passionnées, » dont au surplus M. de Bauffremont n'est pas la seule victime, si, comme il le désire, M. le général de Galliffet s'en allait de bureau de rédaction en bureau de rédaction pour exhiber la lettre de service demandée. Le malheur est qu'un inspecteur général d'armée, en activité de service, n'a point sous ce rapport ses coudées aussi franches qu'un général de brigade en retraite et que ce qui est parfaitement licite à celui-ci ne serait ni digne, ni surtout réglementaire de la part de celui-là.

Mais, si nous aurions mauvaise grâce à demander au général de Galliffet ses papiers, pour les viser et les certifier conformes, nous ne sommes pas embarrassé de citer des faits et des dates prouvant, à notre sens, que, si la mémoire peut faire défaut aux uns, elle peut, aussi, mal servir les autres. Or, c'est à n'en point douter, le cas de M. le maréchal Mac-Mahon invité, vingt ans après l'événement, à s'expliquer sur un détail *de bureau* qui a pu d'autant mieux lui échapper à l'époque, qu'il devait avoir en tête bien d'autres et de bien plus graves préoccupations. Evidemment, ses souvenirs étaient plus frais et plus précis quand, sur la fin d'avril 1871, et en sa qualité de commandant en chef de l'armée de Versailles, il réclamait par lettre officielle au général de Galliffet, revenant comme lui de captivité, les états de propositions en faveur des militaires de la division Margueritte qui s'étaient distingués à Sedan « sous son commandement. » Evidemment aussi, le vénérable maréchal n'était point assailli de doutes comme ceux qui l'assiègent aujourd'hui quand il signait en 1875, comme Président de la République, la nomination au grade dè général de division de M. de Galliffet, « général de brigade du 30 août 1870. » Tel que nous avons connu le maréchal de Mac-Mahon, attentif et scrupuleux à l'excès en tout ce qui touchait à l'armée, il se fût plutôt coupé la main droite que de fermer les yeux sur ce que nous appellerons en bon français un véritable *faux*; sûrement, il ne se serait pas borné à dire à son ministre de la guerre : « Je ne sais vraiment pas comment Galliffet vous a persuadé qu'il était général à Sedan, alors que je puis vous affirmer, moi, qu'il n'en est rien. »

Mais que la conscience de M. le maréchal de Mac-Mahon se rassure : non seulement il a

bien présenté à la signature de l'Empereur, —
et avec le désir apparemment d'obtenir cette signature — le décret nommant le colonel de Galliffet général de brigade, mais encore ce décret
a été dûment paraphé, après son départ, par
Napoléon III, avec ces lieu et date : Remilly,
3o août 1870. Sans doute, on ne l'a point pu
lire tout au long à l'*Officiel* du lendemain, ni
des jours suivants, pour la raison bien simple
qu'on avait toute autre chose à faire qu'à préparer le « courrier administratif ; » mais il se
trouve certainement aux archives du ministère
de la guerre, où M. le prince de Bauffremont
pourra en prendre connaissance avec fruit.

Si la lecture de cette pièce officielle, qui, par
parenthèse, n'a pu arriver au ministère que par
l'intermédiaire du commandant en chef de l'armée de Châlons, ne paraissait pas suffisante à
M. de Bauffremont pour établir le point de
droit en litige, nous l'engagerions à consulter
le décret qui concède à Mme la générale Margueritte la pension de veuve de général de division. Peut-être ne verra-t-il pas immédiate-
men la relation... ? Elle est très réelle, cependant ; car la validité de la promotion du brave
général Margueritte est intimement liée à celle
de la promotion du colonel de Galliffet, fait

par le même décret général de brigade, « en remplacement du général Margueritte nommé général de division. » Le général Margueritte en doutait si peu, en ce qui le concerne, qu'il a immédiatement cédé à son remplaçant ses étoiles de brigadier, — ces fameuses étoiles qui auraient trompé tant de braves gens, au dire de M. de Bauffremont. Et le Conseil d'Etat en a encore moins douté puisqu'il a reconnu ultérieurement le droit de Mme Margueritte à une pension de veuve de *divisionnaire,* vraisemblablement sur le vu des pièces ne prêtant point à la controverse. Si cette décision motivée d'un tribunal administratif qui ne se contente pas d'on-dit et d'à-propos ne paraît pas plus probante à M. le prince de Bauffremont que toutes les lettres du monde, c'est à désespérer de fixer jamais « la vérité historique. »

Mais nous espérons qu'elle l'est désormais et que M. de Bauffremont s'inclinera devant elle de bonne grâce. Nous comprenons qu'il l'eût souhaitée un peu différente ; mais personne n'y peut rien. Autrement, MM. Boulanger et Thibaudin, qui ont scruté dans tous les sens, en leur temps, le dossier du général de Galliffet, eussent mis promptement le public dans la confidence de leurs découvertes ; s'ils n'en ont fait aucune, c'est qu'il n'y en avait effectivement pas à faire, et il est permis d'en conclure que, où il n'y a rien que de correct et de légitime, la haine elle-même perd ses droits.

M.

LETTRES D'ALBERT DURUY

A SON PÈRE

*Albert Duruy à son père après la bataille
de Reichshoffen.*

Nous avons chargé trois fois de suite à la
baïonnette, et fait reculer les Prussiens à plus
d'un kilomètre. Mais il a bien fallu céder au
nombre.

*En quatre jours nous nous sommes battus
deux fois et nous avons marché le reste du
temps, sans pain : à peine un peu de biscuit.*

*Nous sommes morts de fatigue. Depuis hier
au soir à six heures jusqu'à trois heures ce matin, nous ne nous sommes pas arrêtés.*

*Les jambes demandent grâce mais pas le
cœur.*

*Décidément les balles et la mitraille ne veu-
lent pas de moi ; ma compagnie a été tout le
temps en tête du bataillon, et sur les cent-vingt
hommes dont elle se composait, il en reste une
quarantaine. Nos officiers sont admirables.*

Albert Duruy à son père après la bataille de Sedan.

« Mon cher père,

« Je suis prisonnier sans une blessure. J'étais allé porter à l'ambulance mon capitaine dont un boulet avait fracassé la jambe. Un obus arrive, j'étais sur le toit, cherchant à mettre un drapeau blanc. La maison s'écroule. Je reste sur un pan de mur au milieu des flammes. Je saute de la hauteur d'un deuxième sur un cadavre et je me déboîte le genou. Je me traîne jusqu'au prochain bois.

C'est là que j'ai été pris pouvant à peine me remuer, et sans un fusil, hélas !

On dit que Paris va se défendre : Bravo et vive la France.

Je vous embrasse tous. »

ASSASSINAT DU GÉNÉRAL DE BREA

en 1848

par A. MÉZIÈRES

de l'Académie française.

EXTRAIT

DU

CENTENAIRE DE L'ÉCOLE NORMALE

(1795-1895)

13

. . . .

. . . .

Une fois l'École normale installée à l'Assemblée, j'étais naturellement retourné à l'Etat-major où m'appelait le devoir. Clément Thomas, notre nouveau général, m'avait pris en affection, depuis le jour où l'on avait tiré sur nous un coup de pistolet pendant que nous traversions le pont de la Concorde pour nous rendre à la Chambre. Il ne me ménagea pas et je lui en sus gré. Après m'avoir lui-même conduit au feu, pour s'assurer que je n'y ferais pas trop mauvaise figure, il me détacha auprès du général de Bréa auquel le gouvernement confiait une mission périlleuse. Il s'agissait d'enlever les barricades derrière lesquelles se retranchaient les insurgés au sud de Paris le long des boulevards extérieurs, de la barrière Saint-Jacques à la barrière d'Italie. On voulait les débusquer en même temps au sud et au nord pour concentrer ensuite toutes les forces de l'attaque sur le Faubourg St-Antoine, leur dernière forteresse. Pendant qu'un corps de troupes opérait au nord, le général de Bréa manœuvrait au midi.

Mon nouveau général appartenait au cadre de réserve et traversait Paris un peu au hasard. Le gouvernement qui manquait d'hommes le saisit au passage pour lui confier de nouveau un commandement actif. Dans sa tenue, dans ses allures, dans ses gestes, dans sa manière de parler vive et colorée, jusque dans ses cheveux qu'il portait flottants sur les épaules, on reconnaissait le Méridional. Il était né en effet à Menton où sa maison conserve une inscription commémorative. A côté du soldat, il y avait en lui du poète et de l'acteur.

Disposant d'un bataillon d'infanterie, d'un bataillon de garde nationale, d'une batterie d'artillerie et d'un peloton de cuirassiers, il marchait devant lui avec une confiance absolue dans le succès. Il était convaincu qu'il ne serait même pas nécessaire de tirer un coup de fusil, que sa seule présence, sa seule éloquence amèneraient les insurgés à mettre bas les armes. Il parlait bien, avec une pantomime un peu théâtrale, mais avec un feu et une émotion qui saisissaient les foules. C'est ce qui le perdit.

Nous marchions en tête de notre colonne d'infanterie, le général, le lieutenant-colonel Thomas, le commandant Gobert de la garde nationale, le capitaine de Mangin de l'état-major de l'armée et moi. Les barricades que nous avions reçu mission d'enlever étaient tout à fait primitives. De ce côté de Paris, les insurgés s'étaient bornés à fermer les grilles des barrières qui donnaient accès dans la ville et à amonceler derrière ces barrières des omnibus, des voitures de maraîchers, des monceaux de pavés. Des hommes armés montaient la garde pour ne laisser entrer ni sortir personne. Lorsque nous arrivâmes à la barrière Saint-Jacques, la première qui se trouvait sur notre chemin, le général entra aussitôt en pourparlers avec quelques délégués des insurgés qui paraissaient comme lui animés d'intentions pacifiques. On nous ouvrit la grille, on fit cercle autour de nous et notre chef prit la parole en termes très conciliants ; il annonça que le gouvernement, touché de la misère des ouvriers, venait d'abaisser le prix du pain et il termina en demandant nettement que le terrain fût déblayé de tous les obstacles qu'on y avait accumulés.

L'effet de cette harangue vibrante fut immédiat. Les pauvres diables qui s'attendaient, en nous voyant venir, à recevoir et à rendre des coups de fusil, furent enchantés d'en être quittes pour la peur. Il y avait parmi eux quelques anciens soldats. L'uniforme du général, sa crânerie, son langage paternel, les touchèrent jusqu'aux larmes, larmes de misère et de faim autant que d'émotion. En quittant la barrière nous pûmes annoncer au gouvernement que la barrière n'existait plus, qu'à cette entrée de Paris, la circulation était rétablie.

Cette victoire si prompte et si facile porta au comble la confiance que le général avait naturellement en lui-même. Il se crut plus que jamais en mesure d'obtenir toutes les capitulations; cependant nous avions reçu, chemin faisant, un avis qui était de nature à nous faire réfléchir. Pendant que nous longions les boulevards extérieurs dans la direction de la barrière d'Italie, j'occupais l'extrème droite de la tête de colonne. Tout à coup un ouvrier qui nous avait suivis s'approcha de moi et me dit à voix basse : « Prenez garde. Vous venez d'être bien accueillis tout à l'heure. Vous aviez affa're à de braves gens. Il n'en sera pas de même à la barrière d'Italie. Il y a là des repris de justice qui vous feront certainement un mauvais parti. Surtout n'entrez pas dans la barricade ; il vous en coûterait cher. »

Je regardai bien en face mon interlocuteur. Il avait une figure ouverte et honnête, une figure d'ancien soldat. Sa voix tremblait en me parlant. Il était évidemment sincère et il voulait nous sauver. Que n'a-t-il été écouté! Je fis ce que je pus pour cela et je répétai immédiatement au général, en la soulignant encore, la confidence si grave que je venais de recevoir. Il m'écouta avec la sérénité aimable qui lui était habituelle, et il me promit d'être prudent. Je croyais fermement qu'il le serait. J'avais compté sans l'optimisme naturel et la mobilité d'impression d'un tempérament méridional. Peut-être après notre entretien eut-il un instant de défiance et d'inquiétude. Quand il arriva devant la barricade, sa nature confiante avait déjà repris le dessus. Sans hésitation, sans réflexion, par une sorte d'entraînement irrésistible, il alla se livrer lui-même à ses assassins. Ce qui se passa alors fut un des plus odieux épisodes de l'odieuse guerre civile. Nous n'étions pas des combattants, nous n'avions pas échangé un coup de fusil. Nos 1500 hommes et nos bouches à feu prenaient position en face de la barricade. Aucun signal d'attaque n'avait été donné de part ni d'autre. Il semblait même que la démonstration de notre force écrasante dût suffire pour amener la soumission des insurgés. Leur amoncellement d'omnibus, de voitures et de pavés n'aurait pas résisté un quart d'heure à nos canons.

C'est ainsi que nous le comprîmes tous lorsque nous vîmes trois parlementaires sortir de la barricade et demander un entretien au général. Celui-ci s'avança aussitôt dans le grand espace vide qui nous séparait, emmenant avec lui le commandant Gobert et le capitaine de Mangin. Le lieutenant-colonel Thomas et moi, nous restâmes par ordre un peu en arrière à la tête de nos hommes. Nous n'étions pas assez éloignés cependant pour ne pas entendre ce qui se disait. L'entretien se faisait à voix haute, les parlementaires insistaient pour que le général et ses deux compagnons les suivissent. Ils parlaient de l'effet que produirait la présence d'un chef de l'armée au milieu des insurgés. En le voyant, on reprendrait confiance et on mettrait bas les armes. Je m'attendais à un refus, tout au moins à une demande d'otages. Nous ne pouvions supposer que le commandant d'un corps de troupes se mît sans condition à la merci de l'ennemi.

Ce fut cependant ce qui arriva avec une telle rapidité que ni le lieutenant-colonel Thomas, ni moi nous n'eûmes le temps de nous recon-

naître. A peine les insurgés avaient-ils terminé
leur harangue que le général, presque sans répondre, prit le chemin de la barricade. Je me
précipitai pour entrer avec lui et j'arrivai au
moment où la grille allait se refermer. J'entrais
déjà lorsqu'il m'arrêta d'un geste en me disant
simplement d'une voix tranquille : « J'ai assez
de mes deux compagnons. Restez avec le colonel.
Nous allons revenir. » On eût dit qu'il s'agissait
d'une simple promenade. Nous pensâmes depuis
qu'avec son esprit chevaleresque, il n'avait pas
voulu se montrer plus méfiant que les insurgés.
Ils étaient venus à lui au nombre de trois, il
allait à eux avec le même nombre de personnes.
Les heures qui suivirent peuvent compter parmi
les plus douloureuses qu'il ait été donné à des
hommes de cœur de traverser. Nous restions
immobiles, paralysés, sans instructions, sans
ordres. Nous entendions sur la rive droite de
la Seine le canon gronder et s'avancer par les
grands boulevards vers la place de la Bastille.
C'est là qu'était notre rendez-vous, c'est là que
nous aurions dû arriver les premiers par la rive
gauche, mais les heures succédaient aux heures
et le général ne revenait pas. En face de nous
la barricade paraissait presque déserte ; on n'y
entendait aucun bruit. Il nous semblait facile

de l'enlever. Mais donner le signal de l'attaque, c'était condamner notre chef à mort. Nous attendions le cœur serré d'une inexprimable angoisse. Nous soupçonnions qu'un drame devait se passer de l'autre côté de la barrière; mais le bruit n'en arrivait pas jusqu'à nous et nous cherchions en vain le moyen d'y intervenir. Trois heures au moins se passèrent ainsi, peut-être davantage.

Tout à coup nous vîmes sortir de la barrière deux des parlementaires qui avaient invité le général à y entrer. Ils étaient tête nue, ils avaient des larmes dans la voix; ils paraissaient désespérés. Sans le savoir, sans le vouloir, ils avaient attiré notre chef dans un piège. Après une longue discussion, les violents de leur parti avaient pris le dessus sur les modérés. Le général était en danger de mort, peut-être même était-ce déjà fini. Ils se remettaient entre nos mains comme des coupables. Ils s'attendaient évidemment à être fusillés. Nous leur répondîmes avec emportement que leur place n'était pas auprès de nous, qu'il ne leur restait qu'un moyen d'expier leur faute, se faire tuer pour sauver le général. Ils repartirent en courant et tout rentra dans le silence.

Silence lugubre, rempli des plus funèbres pressentiments. La situation ne pouvait cependant se prolonger. Où était le devoir ? Quel ordre nous donnait-on ? Qu'attendait de nous le gouvernement ? Au comble de l'embarras et de l'anxiété, le colonel Thomas, notre commandant provisoire, finit par envoyer un lieutenant de cuirassiers demander des instructions au général Cavaignac. L'officier partit à franc étrier et revint de même, son cheval blanc d'écume. Les ordres étaient formels : enlever la barricade sur l'heure sans aucun souci des conséquences, sans s'occuper de la vie du général qui devait être mort. Il fallait que cette dernière forteresse des insurgés du côté du sud tombât avant la nuit.

Au signal donné, nos soldats s'élancèrent avec un élan irrésistible. En un clin d'œil la barrière fût escaladée. Il ne se trouva d'ailleurs personne pour la défendre, pas un coup de fusil ne fut tiré contre nous. Après l'attentat commis par quelques misérables qui furent heureusement retrouvés et punis, les insurgés s'étaient dispersés dans toutes les directions, justement effrayés des représailles dont ils se sentaient menacés. Ils firent bien de prendre la fuite. Il serait difficile de décrire l'exaspération de nos hommes quand nous découvrîmes le corps du général et celui du capitaine de Mangin affreusement défiguré par les coups de pistolet qu'on lui avait tirés dans l'oreille. Ce fut tout le long de la colonne un cri d'indignation et de vengeance. Ceux qui avaient assassiné et mutilé des parlementaires, des officiers français dont toutes les nations étrangères auraient respecté le caractère sacré, ne méritaient aucune pitié. Pas de quartier pour eux. La baïonnette en avant, sans qu'on pût les retenir, les soldats se précipitèrent dans les maisons, et y massacrèrent tous les hommes valides, heureusement en petit nombre, qui y furent trouvés. Nous eûmes beaucoup de peine à arracher de leurs mains quelques malheureux qui demandaient grâce en protestant de leur innocence.

M. Marcotte, colonel des douanes,
au Prince G. Bibesco.

17 avril 1872.

« Mon cher prince,

« Je vis dans une sorte de Thébaïde où pé-
« nètrent à peine des rumeurs du monde vivant,
« et ce n'est guère qu'au moment où m'arrivait
« votre petit billet, que je venais d'appren-
« dre votre « condamnation, » sauf appel sans
« doute ?

« La prison à vous, mon digne ami ! cette au-
« réole vous manquait.

« Je me rendrai demain à votre affectueuse
« invitation.

« C'est vous qui, le premier, à mon arrivée
« à Coblentz, consoliez d'un regard sympathi-
« que, au milieu d'un entourage prussien, l'hôte
« nouveau d'Ehrenbreitstein ; qui bientôt après,

« veniez le visiter dans sa froide casemate et
« tendre à cet inconnu, comme à un vieil ami,
« votre main généreuse et loyale ; c'est vous
« encore qui, après bien des démarches enfin
« couronnées de succès, accouriez lui annoncer
« la bonne nouvelle qu'il était rendu à ses en-
« fants !

« Ce sont là des souvenirs que mon cœur
« garde profondément, et je vous remercie
« d'avoir compris que tout ce qui vous touche
« doit toucher à mes sentiments les plus chers
« et les plus intimes.

« Votre ami dévoué,

« MARCOTTE.

*M. Valentin, ancien préfet du Bas-Rhin
et du Rhône, au Prince G. Bibesco.*

« Hôtel des Réservoirs,

« Versailles, 17 juillet 1872.

« Mon cher commandant,

« J'ai vu récemment M. Marcotte, notre
« brave compagnon de captivité de Coblentz, et
« j'ai appris de lui votre séjour à Paris et les
« poursuites qui vous sont intentées à raison du
« duel que les attaques dirigées contre vous, en
« votre absence, vous avaient imposé.

« Je n'ai pas besoin de vous dire à quel degré
« mes plus chaleureuses sympathies vous sont
« acquises et quel souvenir reconnaissant je
« garde du généreux dévouement, si actif, si
« spontané avec lequel, avant même que je vous
« fusse personnellement connu, vous vous êtes

« employé pour faire mettre un terme à la dé-
« tention exceptionnellement rigoureuse que
« j'ai eu à subir dans la forteresse d'Ehrenbreit-
« stein, durant les quatre premiers mois qui ont
« suivi la capitulation de Strasbourg. Cette dé-
« tention et les vexations brutales qui l'ont fré-
« quemment aggravée se fussent prolongées
« jusqu'à la conclusion même de l'armistice
« sans vos persévérantes démarches, démarches
« que vous aviez d'ailleurs eu la délicate atten-
« tion de me laisser ignorer jusqu'au moment
« où elles ont été couronnées de succès.

« Votre infatigable sollicitude durant ces tris-
« tes mois de captivité s'est étendue sur tous
« nos compagnons militaires ou civils, sans dis-
« tinction de rang ni de grade, et sans cesse
« on vous a vu courir au-devant de toutes les
« occasions de leur rendre les services qui dé-
« pendaient de vous. Aussi, je ne dois pas
« craindre de me voir démentir par un seul d'en-
« tre eux en affirmant que votre attitude vis-à-
« vis de nos ennemis et vis-à-vis de nos com-
« patriotes, dans ces jours d'épreuve, mérite
« d'être citée comme un exemple et qu'il n'en est
« point qui ait, à un degré égal, honoré l'uni-
« forme de l'armée française.

« J'ai donc la confiance que vos juges sauront

« reconnaître que les lois de l'honneur n'ont
« jamais eu d'interprète ni de serviteur plus
« loyal et plus fidèle que vous, mon cher com-
« mandant, et dans cet espoir, je vous renou-
« velle l'expression de mes sentiments de haute
« estime et d'affectueuse gratitude.

« VALENTIN. »

Table alphabétique des noms.

TABLE DES MATIÈRES

Documents.

PARIS

TYPOGRAPHIE DE E. PLON, NOURRIT ET Cie

Rue Garancière, 8.

www.ingramcontent.com/pod-product-compliance
Lightning Source LLC
LaVergne TN
LVHW020522060726
842525LV00004B/1028